LEONARDO LIPORONE BARUKI

2ª edição revisada e atualizada

BORDEAUX E SEUS GRANDS CRUS CLASSÉS

A HISTÓRIA DOS MELHORES VINHOS DO MUNDO

© Leonardo Baruki, 2024
Todos os direitos desta edição reservados à Editora Labrador.

Coordenação editorial Pamela J. Oliveira
Assistência editorial Leticia Oliveira, Jaqueline Corrêa
Projeto gráfico Dan Arsky
Diagramação Marina Fodra
Revisão Mariana Góis
Imagem da orelha Château Pichon Baron, por Alain Benoit
Imagens de capa Alain Benoit

Dados Internacionais de Catalogação na Publicação (CIP)
Jéssica de Oliveira Molinari - CRB-8/9852

Baruki, Leonardo
  Bordeaux e seus Grands Crus Classés: a história dos melhores vinhos do mundo / Leonardo Baruki. — 2. ed
  São Paulo : Labrador, 2024.
  160 p.

  ISBN 978-65-5625-583-5

  1. Vinho 2. Vinho e vinificação - História I. Título

24-1540   CDD 641.2209

Índice para catálogo sistemático:
1. Vinho

Labrador

Diretor-geral Daniel Pinsky
Rua Dr. José Elias, 520, sala 1
Alto da Lapa | 05083-030 | São Paulo | SP
contato@editoralabrador.com.br | (11) 3641-7446
editoralabrador.com.br

A reprodução de qualquer parte desta obra é ilegal e configura uma apropriação indevida dos direitos intelectuais e patrimoniais do autor. A editora não é responsável pelo conteúdo deste livro. O autor conhece os fatos narrados, pelos quais é responsável, assim como se responsabiliza pelos juízos emitidos.

*Para meus pais, por toda a educação que me deram.
Para Dani, minha fonte de inspiração e maior incentivadora,
a que tornou tudo possível. Para meus amigos, com os quais
tive e tenho a honra de dividir grandes vinhos.*

Sumário

Introdução 7

Primeiros Crus 13

Château Haut-Brion 15
Château Lafite Rothschild 18
Château Latour 22
Château Margaux 26
Château Mouton Rothschild 30

Segundos Crus 35

Château Brane-Cantenac 37
Château Cos D'Estournel 39
Château Ducru-Beaucaillou 41
Château Durfort-Vivens 44
Château Gruaud Larose 46
Château Lascombes 48
Château Léoville Barton 50
Château Léoville Las Cases 53
Château Léoville-Poyferré 56
Château Montrose 59
Château Pichon-Longueville Baron 62
Château Pichon Longueville Comtesse de Lalande 65
Château Rauzan-Gassies 67
Château Rauzan-Ségla 69

Terceiros Crus 71

Château Boyd-Cantenac 73
Château Calon Ségur 74
Château Cantenac Brown 76
Château Desmirail 78
Château D'Issan 80
Château Ferrière 83
Château Giscours 85
Château Kirwan 87
Château La Lagune 89
Château Lagrange 91

Château Langoa Barton 93
Château Malescot St-Exupéry 95
Château Marquis D'Alesme 97
Château Palmer 98

Quartos Crus 101

Château Beychevelle 103
Château Branaire-Ducru 104
Château Duhart-Milon 106
Château La Tour Carnet 108
Château Lafon-Rochet 110
Château Marquis de Terme 112
Château Pouget 113
Château Prieuré-Lichine 114
Château Saint-Pierre 116
Château Talbot 118

Quintos Crus 121

Château Batailley 123
Château Belgrave 125
Château Camensac 127
Château Cantemerle 128
Château Clerc Milon 130
Château Cos Labory 132
Château Croizet-Bages 133
Château D'Armailhac 134
Château Dauzac 136
Château du Tertre 138
Château Grand-Puy Ducasse 140
Château Grand-Puy-Lacoste 142
Château Haut-Bages Libéral 144
Château Haut-Batailley 145
Château Lynch-Bages 146
Château Lynch-Moussas 148
Château Pédesclaux 149
Château Pontet-Canet 151

Os cinco Châteaux para visitar em Bordeaux 155

Bibliografia 159

Introdução

Interessei-me por vinhos no início de 2005. Comecei provando vinhos espanhóis, passei rapidamente pelos da América do Sul, tomei os grandes italianos, até chegar à França, onde desde sempre minha preferência foi pelos vinhos da região de Bordeaux.

Percebi que, no crescente mercado de vinhos do Brasil, os grandes Bordeaux não ganharam muito espaço, pois têm a fama, muitas vezes justificada, de serem caros, e principalmente porque os rótulos não são facilmente interpretados, informando, por exemplo, a sub-região da qual vem e em qual das muitas classificações aquele vinho está inserido. O particular sistema de vendas desse vinho também não facilita, pois raramente dá exclusividade para algum importador, que acaba perdendo o interesse em promover os vinhos de Bordeaux no Brasil.

Uma das muitas classificações dos vinhos os divide entre novo e velho mundo. O novo mundo, cujas principais regiões são América do Sul, Estados Unidos, Austrália, Nova Zelândia e África do Sul, começou a ter algum prestígio na década de 1970. Outros países do velho mundo, como Itália, Espanha, Portugal (exceto vinhos fortificados), embora produzissem vinho há mais tempo, só atingiram uma melhora de qualidade na segunda metade do século XX. O mesmo se aplica a outras regiões da França, como Borgonha e Rhone.

No entanto, Bordeaux sempre liderou a produção mundial de vinhos tintos de qualidade, no mínimo desde o século XVIII. Algumas vinícolas são ainda mais antigas. A região esteve na vanguarda em busca de inovações nas técnicas de produção e no marketing para divulgação e venda dos vinhos. Claro que o gosto é algo individual, mas é inegável a importância de Bordeaux para o que o vinho é atualmente.

E, mesmo dentro da minha preferência por Bordeaux, sempre gostei mais da chamada "margem esquerda". A região é dividida pelos rios Garrone e Dordogne, que, ao se encontrarem, formam o estuário do Gironde. As áreas produtoras de vinho à esquerda do rio são chamadas de margem esquerda, onde predomina a casta Cabernet Sauvignon, seguida da Merlot. Já na margem direita, cujas principais regiões são Saint Emilion e Pomerol, não há Cabernet Sauvignon, mas predominam Merlot e Cabernet Franc. Além disso, a produção na margem esquerda existe há muito mais tempo que na direita, e as propriedades do lado esquerdo são muito maiores.

Em 1855, aconteceu a Exposição Universal em Paris, na qual 34 países apresentaram o que tinham de melhor nas áreas industrial, agrícola e cultural. Napoleão III – sobrinho de Napoleão Bonaparte, primeiro presidente eleito por voto direto na França e imperador após um golpe de estado em 1851 – pediu que cada região expusesse o que tinha de melhor. A região de Bordeaux resolveu, então, mostrar seus vinhos mundialmente famosos.

Em um primeiro momento, a Câmara de Comércio de Bordeaux havia pensado em mandar seus vinhos sem a identificação de vinícola ou rótulo, apenas separada pela sub-região produtora, mas as principais vinícolas protestaram, alegando que queriam não só colocar seu rótulo como também o nome de seu proprietário. Então, a Câmara de Comércio de Bordeaux resolveu fazer uma classificação das melhores vinícolas, as que poderiam colocar seus próprios rótulos. Os tintos do Médoc foram divididos em cinco níveis: de primeiro a quinto cru. E os brancos doces de Sauternes e Barsac em três níveis (atualmente, 27 classificados nesta região). Pensou-se na possibilidade de uma degustação para definir os classificados, mas optou-se por levar em conta o critério "preço" para definir a classificação. Sendo assim, os *négociants* elaboraram um ranking, com base nos preços de venda de cada vinícola nos últimos anos.

Na exposição, apenas 23 das classificadas levaram seus vinhos, e destas apenas o Château Lafite enviou mais de uma safra. Muitas outras vinícolas não classificadas da região mandaram seus vinhos, que foram expostos sem o rótulo próprio. A classificação foi feita para a exposição, mas acabou não tendo relação direta com ela.

Antes de 1855, várias classificações informais (e que não levavam em conta apenas o preço) já haviam sido feitas, desde meados do século XVIII. E todas elas eram bem consistentes, sempre com quatro vinícolas (Latour, Lafite, Margaux e Haut-Brion) se destacando das demais.

Não à toa, esses foram os escolhidos como *Premiers Grands Crus Classés*. O Château Mouton, à época da classificação, tinha um valor de venda que o colocava como líder dos segundos crus, mas abaixo dos primeiros; por isso, foi corretamente classificado naquele grupo.

É interessante notar que é uma classificação de vinícolas, e não de vinhedos, como na Borgonha. Se um Château compra novas terras, desde que estejam dentro da região em que o Château faz parte, esta nova área pode ser utilizada para fazer o vinho classificado. Da mesma maneira, se uma vinícola classificada como quarto cru comprar terras de um terceiro cru, as uvas lá produzidas poderão ser utilizadas, mas a vinícola não receberá um upgrade na classificação. Essa classificação só teve duas mudanças até hoje; em 1855, logo após sua publicação, o Château Cantemerle foi incluído como quinto cru; e, em 1973, o Château Mouton Rothschild foi promovido a primeiro cru.

São 61 vinícolas classificadas no Médoc. Destas, 56 têm proprietários franceses. Quatro têm proprietários estrangeiros, sendo uma mineradora da Nova Zelândia, uma família norte-americana, uma cervejaria do Japão (Suntory) e um empresário holandês. A sexta, o Château Beychevelle, tem como proprietários uma sociedade entre duas cervejarias: a francesa Castel e a japonesa Suntory. Ainda não temos nenhuma das 61 vinícolas classificadas de propriedade chinesa.

As vinícolas ainda podem ser consideradas um negócio familiar. Destas, 51 pertencem a famílias, que quase sempre se envolvem diretamente no negócio; enquanto dez pertencem a grupos empresariais, principalmente bancos e seguradoras.

Sua história está diretamente ligada à história da França e do mundo. Muitas tiveram seus proprietários decapitados na Revolução Francesa, sofreram com a *Phylloxera* no final do século XIX, tiveram de ser vendidas por seus proprietários falidos com a Crise de 1929, foram ocupadas ou abandonadas na Segunda Guerra Mundial. Apenas os Châteaux Mouton, Léoville Barton e Langoa Barton têm proprietários das mesmas famílias desde antes da classificação de 1855. Outras quatro são propriedade da mesma família há mais de 100 anos. Vinte e nove delas foram vendidas pela última vez em um período entre 30 e 100 anos, enquanto 25 foram negociadas pela última vez nos últimos 30 anos.

Quando comecei a pensar no projeto deste livro, decidi que o ideal seria visitar todas essas vinícolas. Achei que nada substituiria ir pessoalmente ao lugar. Contatei o *Conseil des Grands Crus Classés*, entidade que representa todos os classificados (com exceção do Léoville Las Cases), e recebi apoio de seu diretor, o Sr. Sylvain Boivert, que agendou a maioria das visitas. Fui cinco vezes a Bordeaux entre 2014 e 2015 e visitei 56 das 61 vinícolas. O interessante é que as visitas foram diferentes uma das outras. Em algumas, fui incluído no tour aberto para visitantes; e, em outras, fui recebido individualmente. Na maioria das vezes, a visita era conduzida por alguém da equipe de relações públicas ou do time técnico e terminava com uma degustação de algumas safras mais recentes, quase sempre com a presença do diretor ou do dono da vinícola. Em outros casos, toda a visita foi conduzida por um deles. O nível de informação e de disponibilidade em cada visita, de algum modo, fez com que alguns capítulos deste livro ficassem maiores ou mais interessantes que outros; e, em alguns casos, até mesmo com recomendações ou opiniões dos donos ou diretores. Algumas degustações incluíram muitas safras antigas e outros vinhos de propriedade dos donos das vinícolas. Inclusive, o dono de uma delas, o Château Saint Pierre, hospedou-me por alguns dias.

Depois da publicação da primeira edição, retornei algumas outras vezes para visitar os cinco Châteaux que faltaram, e revisitei alguns outros.

As principais diferenças que percebi entre as visitas de 2014/15 e as entre 2021 e 2023 foram que muitos Châteaux, preocupados com o aquecimento global, estão trocando a Merlot, uva que amadurece mais no calor e tende a ficar mais alcoólica, pela Cabernet Sauvignon, e que as vinícolas têm praticado mais a agricultura sustentável, mas estão menos preocupadas com as certificações.

Em 2018 o livro recebeu o prêmio Gourmand Awards, como o melhor livro de vinhos franceses lançado no mundo em 2017. Ele entrou em bibliografias de cursos de vinhos, e mesmo anos após o lançamento tem uma ótima média de vendas, já foi reimpresso algumas vezes. Por isso me animei a fazer uma segunda edição, atualizando as informações das vinícolas, para manter o livro como uma boa e atual fonte de informação.

Este livro não tem a pretensão de ser um guia de vinhos, mas contar a história dessas vinícolas. Aproveito também para dar um panorama atual e comentar alguns vinhos que provei.

Finalizo sugerindo as cinco vinícolas mais interessantes para serem visitadas em Bordeaux.

Primeiros Crus

Château Haut-Brion

Há muito se conhece esse vinho: o primeiro registro de um *Grand Cru Classé* de Bordeaux citado pelo nome foi em 1660, quando 169 garrafas de "vinho de Hobriono" (*sic*) foram encontradas na adega do Rei Charles II da Inglaterra.

Em 1663, Samuel Pepys, após provar o vinho em Londres na Royal Oak Tavern, declarou: "bebi um pouco de um vinho francês chamado Ho-Bryant (sic) que tinha o sabor mais particular que já provei".

O fundador do Château foi Jean de Pontac, em 1533. No século XVII, época em que a maioria dos vinhos era vendida sem marca, Arnaud de Pontac e seu filho François-Auguste, no primeiro exemplo de *branding* da história do vinho, abriram um bar em Londres chamado The Pontacks Head, onde vendiam seu vinho sob o nome de Haut-Brion, que se tornou um sucesso de vendas na Inglaterra.

Localizado hoje em um subúrbio comercial da cidade de Pessac, o Château, cujo antigo dono sofreu perdas econômicas com a Crise de 1929, foi comprado em 1935 pelo banqueiro texano Clarence Dillon, que desde então promoveu uma sequência de melhorias.

Atualmente, a empresa Domaine Clarence Dillon está sob o comando do príncipe Robert de Luxemburgo. Em 1983, tornou-se proprietária também do vizinho Château La Mission Haut-Brion, que passou então a contar com o mesmo time técnico do Haut-Brion.

O nome do Château vem do fato de seus vinhedos estarem localizados em uma área um pouco mais alta (12 a 15 metros) que a de seus vizinhos.

Apresenta algumas particularidades, como ser o único vinho classificado em 1855 fora do Médoc, ser ao mesmo tempo *Premier Grand Cru Classé* em 1855 e *Cru Classé* de Graves, ter uma garrafa em formato diferente (mais ao estilo Borgonha) dos demais vinhos de Bordeaux (introduzida em 1960 com a safra 1958), ser o único *Premier Grand Cru Classé* a fazer um vinho branco com o seu nome, o Haut-Brion Blanc, e a ter donos norte-americanos.

Tem 48,3 hectares de vinhas para tintos, com 45,4% de Merlot, 43,9% de Cabernet Sauvignon, 9,7% de Cabernet Franc e 1% de Petit Verdot, com idade média de 40 anos e densidade de 8 mil vinhas por hectare. Produz cerca de 130 mil garrafas do *grand vin* e 90 mil de segundo vinho, antigamente chamado Bahans Haut-Brion e que, desde 2007, passou a ser Le Clarence de Haut-Brion. Para os brancos (que não são classificados), tem 2,7 hectares de vinhas, com 63% de Sémillon e 37% de Sauvignon Blanc, produzindo 8 mil garrafas de Haut-Brion Blanc e 5 mil do segundo vinho – antes Les Plantiers du Haut-Brion e agora Le Clarté de Haut-Brion.

O enólogo Jean-Bernard Delmas, que assumiu em 1960 (sucedido em 2004 por seu filho, Jean-Philippe), é considerado um dos maiores da história e um dos grandes responsáveis pelo salto de qualidade do vinho a partir da década de 1970. Ele mesmo desenhou tanques de aço inoxidável para a vinificação (foi o primeiro a utilizá-los) com um formato único; nos dois terços superiores acontecem a fermentação e a maceração, no terço inferior a fermentação malolática; com isso, não é preciso adicionar vinho de outros tanques para completar o volume, mantendo-os separados. Em cada tanque junta-se uma seleção de duas ou três parcelas com características semelhantes, mas para o futuro o plano é ter um tanque para cada parcela. Outro dado incomum é que o *blend* é feito antes de ser colocado nas barricas de carvalho, pois o contato com o carvalho pode alterar as características de cada parcela. E só depois do *blend* se decide o que vai para cada vinho, de acordo com a qualidade. Pode ainda desclassificar até 30% do total e vender como vinho genérico. Desde 2009 utiliza seleção óptica após a colheita.

Além disso, tem um laboratório dentro do Château que faz avaliações químicas das uvas tendo como critério a maturidade, polifenóis e concentração, auxiliando o time técnico a tomar decisões. O laboratório também analisa os 100 clones de vinhas sob 1.600 diferentes parâmetros, para definir quais são mais adaptáveis a cada um dos 84 microclimas identificados, mantendo um "banco" com os clones mais adaptados ao *terroir* do Château. Outra peculiaridade é que 80% das barricas utilizadas são produzidas por um funcionário da Seguin Moreau, seu toneleiro favorito, dentro do próprio Château, para adequar os detalhes da produção das barricas às suas necessidades e normas de qualidade.

O *grand vin* envelhece por 20 meses em barricas novas de carvalho francês, o mesmo tempo do segundo vinho, que utiliza de 20-25% de barricas novas. Um detalhe é que em muitas safras, como 1996, 2000 e 2001, há predominância de Merlot no corte, algo um tanto incomum para a margem esquerda. Elegância e complexidade são as duas palavras mais usadas para descrever esse vinho, que nas safras boas pode durar décadas. O 1959, bebido em 2015, estava fantástico e em uma garrafa bem conservada, portanto ainda tem alguns anos pela frente. Os 1980 e 1981 ainda podem estar ótimos, dependendo da conservação das garrafas. Safras como 1982, 1983, 1985, 1986, 1989 e 1990 estão no auge. Da década de 1990, todas já podem ser bebidas e, a partir de 2000, talvez as safras entre 2001 e 2004 também, mas as demais merecem uma guarda maior. É sem dúvida um dos grandes vinhos do mundo.

Leonardo Liporone Baruki

Château Lafite Rothschild

A primeira referência a esse nome vem do século XIII, com uma terra conhecida como "Gombaud de Lafite", mas sem vinhos. No dialeto gascão, o termo "La Hite" significava colina. Começou a produzir vinhos quando Jacques de Ségur plantou o vinhedo por volta de 1670. Seu neto, Nicolas--Alexandre, proprietário à época de outras vinícolas como o Latour e conhecido como "Príncipe dos Vinhos", foi quem impulsionou sua produção.

Mesmo antes de qualquer classificação, os vinhos de Lafite tinham grande fama. Em 1707, já era vendido em barris em Londres, descrito como "New French Claret". O primeiro ministro britânico Robert Walpole comprava uma barrica de Lafite a cada três meses. Na França, também começou a ter prestígio. O marechal de Richelieu apresentou o vinho ao Rei Luís XV e rapidamente ele se tornou uma das bebidas preferidas em Versailles.

Ainda no século XVIII, Thomas Jefferson, então embaixador americano na França, visitou Bordeaux e fez um *ranking* de seus Châteaux favoritos, e o Lafite estava no topo. Essa predileção dele pelo Château Lafite está no cerne do famoso escândalo das "garrafas de Jefferson", quando o colecionador alemão Hardy Rodenstock alegou ter encontrado uma parte da famosa adega de Jefferson e leiloou algumas garrafas de Lafite 1787; uma foi arrematada pela família Forbes por 105 mil libras esterlinas. Outra foi comprada por Bill Kock, mas este contatou a Fundação Thomas Jefferson em Monticiello, que se mostrou cética quanto à autenticidade das garrafas (ele havia comprado também outra garrafa de Lafite 1787, uma de Lafite 1784 e outra de Brane Mouton 1784, todas da mesma origem). Por meio de uma investigação privada, conseguiu concluir que as iniciais "Th.J." feitas nas supostas garrafas de Thomas Jefferson tinham sido realizadas com ferramentas que não existiam no século XVIII, e assim concluiu que eram falsas. Essa história completa está no livro *O vinho mais caro do mundo*, de Benjamin Wallace.

O Château permaneceu com a família Ségur até 1784, quando foi comprado pelo presidente do parlamento de Bordeaux Nicholas Pichard, decapitado em 1794 na Revolução Francesa. Depois disso, foi comprado por investidores holandeses. Já classificado como *Premier Grand Cru Classé*, foi comprado em um leilão, em 1868, pelo barão James de Rothschild.

James, que morreu três meses após a compra, provavelmente o fez influenciado por seu sobrinho Nathaniel, que, em 1853, também em um leilão comprou o Mouton Rothschild. Seus três filhos, Alphonse, Gustave e Edmond, assumiram o Château e, como de costume na época, adicionaram seu sobrenome ao nome da vinícola. Nessa época, possuía 135 hectares, com 75 produzindo vinhos. Na sequência, vieram períodos difíceis, como a crise da *Phylloxera*, as duas grandes guerras mundiais e a Crise de 1929. Nesse período, chegou a não produzir vinho em algumas safras, como 1882, 1886, 1910 e 1915.

Durante a Segunda Guerra Mundial, as propriedades da família foram confiscadas e o Château foi ocupado pelo exército alemão.

Sua propriedade foi restabelecida em 1945 pelo barão Elie, que iniciou um processo de recuperação da vinícola e, principalmente, de restabelecimento no mercado mundial de vinhos após a guerra. Ele realizou várias degustações em Londres, participou da criação de algumas associações de promoção do vinho e foi ativo na abertura do mercado norte-americano para os vinhos de Bordeaux.

Foi sucedido por seu sobrinho Eric, em 1974, que, além de programas de melhorias nos vinhedos, contratou o arquiteto catalão Ricardo Bofill para construir a famosa adega circular, inaugurada em 1988. Com seu peso sustentado por 16 colunas, pode armazenar até 2.200 mil barricas de vinho. E, desde essa época, o Château vive sua melhor fase, com várias safras fantásticas e com preço claramente acima do seu vizinho e concorrente Mouton Rothschild. Em 2018, Eric foi sucedido por sua filha Saskya no comando da vinícola.

No começo dos anos 2000, o Château viu seus preços dispararem por uma forte demanda do mercado chinês. E, de todos os vinhos *tops* de Bordeaux, o Lafite foi o que alcançou o preço mais alto. Acredita-se que parte da fama adquirida se deva ao fato de se pronunciar o nome igual à forma que se escreve, o que facilita para os chineses. Outra teoria diz que o *merchandising* feito na novela mais popular da China, onde seus personagens apareciam bebendo o vinho, foi determinante. Outro fator importante foi o Château ter colocado na garrafa do vinho de 2008 o símbolo chinês do número 8 (que é o número da sorte para os chineses); no dia em que foi feito o anúncio, os preços subiram 20%! Mas, desde 2013, a sede chinesa diminuiu um pouco, e com isso os preços também; por exemplo, a caixa com 12 garrafas de 2008 (que não é uma grande safra) no dia do anúncio chegou a custar mais de 10 mil libras, atualmente é vendida por pouco mais de 5 mil. E, desde a classificação de 2013 do Liv-ex para os vinhos da margem esquerda de Bordeaux, o Lafite perdeu a primeira posição como o vinho de preço médio mais alto para o Latour.

Acredita-se que mais da metade das garrafas de Lafite vendidas na China seja falsa. Além disso, existem marcas chinesas como "Legend Lafite" e "Chatelet Lafite" que confundem o consumidor chinês. Para tentar surfar no prestígio adquirido lá, a Domaines Barons de Rothschild (DBR – proprietária do Château) incluiu ao seu extenso portfólio de propriedades (além do Château Duhart Milon, também em Pauillac) uma vinícola na região de Penglai, ainda em fase experimental.

Atualmente, o Château possui 112 hectares de vinhas, sendo 4,5 destes em Saint-Estèphe, na "fronteira" com Pauillac, mas como já utilizava as uvas dessa parcela conhecida como Blanquet na época da classificação, ele tem o direito de ainda utilizá-las. Há 75% de Cabernet Sauvignon, 20% de Merlot, 3% de Cabernet Franc e 2% de Petit Verdot, as vinhas têm, em média, 45 anos de idade (embora algumas ultrapassem 100 anos). O *blend* final depende da safra, e apenas nas safras de 1961, 1994 e 2013 não usou Merlot.

Vinifica por parcelas, com 66 tanques diferentes, combinando madeira, inox e concreto (onde vinifica o Merlot). Os vinhos envelhecem por 18 a 20 meses, em barricas 100% novas e francesas, produzidas no próprio Château, que tem uma tanoaria capaz de produzir 2 mil barricas ao ano.

Está testando a agricultura orgânica, e embora não deseje nenhuma certificação, já tem 25 hectares de produção neste sistema. Tem uma adega privada com cerca de 8 mil garrafas a partir da safra de 1790, e faz um recorking a cada 20 ou 30 anos, sempre usando vinho da mesma safra para completar as garrafas.

Faz um segundo vinho, o Carruades de Lafite, com maior percentual de Merlot e com envelhecimento de 18 a 20 meses, 80% em barricas sendo 10% novas. Como todos os segundos vinhos, foram feitos para serem apreciados mais cedo. Seu nome vem do *plateau* de Carruades, uma área adquirida em 1845, e até a década de 1980 o vinho se chamava Moulin des Carruades. A mudança para o nome atual foi uma excelente estratégia de marketing.

Até 1960, fez também um vinho branco, que misturava Sémillon (em maior percentual) e Sauvignon Blanc, vendido sob o rótulo de "Vin de Château Lafite", que ainda pode ser encontrado perdido em alguma carta de vinhos em algum restaurante *top* europeu.

Esse vinho é um dos mais emblemáticos de Bordeaux e alia elegância e concentração; pode ser comprado em qualquer safra, mesmo nas consideradas piores. Para Fréderic Domingo, sommelier do Château há mais de 20 anos, as grandes safras do Lafite são 1953 e 1959, e as melhores para se beber hoje 1985, 1989 e 1996. Da década de 1970, as safras 1975 e 1978 ainda estão boas, desde que provenientes de garrafas muito bem armazenadas. O mesmo vale para safras como 1981, 1983 e 1988. As grandes safras da década de 1980, como 1982 e 1986, ainda estão fechadas; talvez 1985 e 1989 estejam no auge, e 1990 é fantástica (mas ainda pode ser guardada por mais tempo). Da década de 1990, as mais prontas para hoje talvez sejam 1994 e 1998, enquanto as de safras consideradas melhores, como 1995 e 1996, ainda mereçam mais guarda. A partir de 2000, eu não abriria nada, exceto 2002 e 2004, que já podem ser apreciadas agora, mas ainda têm um longo potencial de guarda.

Château Latour

O primeiro registro da torre que dá nome ao Château é do século XIV. Na Guerra dos Cem Anos, a La Tour de Saint Lambert protegia o estuário do Gironde e pertenceu primeiro aos franceses, que a perderam em 1378 para os ingleses, só a recuperando na Batalha de Castillon, em 1453.

A torre original – quadrada e que está representada no rótulo – foi destruída na guerra e não se tem certeza de sua exata localização. A que encontramos na vinícola, redonda, era uma antiga casa de pombos construída no século XVI.

O vinhedo teve vários proprietários até o século XVII, com uma pequena produção de vinho. No final do século XVII, após heranças e casamentos, acabou parando nas mãos da família Ségur. Alexandre de Ségur, em 1716, comprou o Château Lafite; seu filho e herdeiro Nicolas-Alexandre Ségur comprou, em 1718, o Château Mouton e o Château Calon (posteriormente, Calon Ségur), o que lhe rendeu o apelido de "Príncipe dos Vinhos". O Mouton foi vendido, em 1720, para o barão de Brane. Esse período entre 1718 e 1720 foi o único na história em que a mesma pessoa foi proprietária de três dos cinco futuros *Premiers Grands Crus Classés*.

A família Ségur iniciou a produção de vinho de qualidade no Château e fez várias melhorias nos vinhedos e nas instalações. O vinho adquiriu fama entre a nobreza, e isso refletia em seus preços – em 1747, chegava a custar 20 vezes o preço de um bordeaux básico. Era um dos favoritos do então embaixador americano na França, Thomas Jefferson, que chegou a importar várias caixas para os Estados Unidos. Quando veio a classificação de 1855, foi natural sua colocação como *Premier Grand Cru Classé*.

Os herdeiros de Nicolas não moravam em Bordeaux e criaram uma estrutura local para administrar a vinícola, mas não se envolviam diretamente na operação. Conseguiu-se manter o vinhedo intacto e sob propriedade da mesma família mesmo na Revolução Francesa. Em 1842, com um grande número de herdeiros, formou-se a Société Civile du Vignoble de Château Latour para administrar a vinícola, composta exclusivamente de membros da família até 1962.

Em 1962, duas companhias inglesas compraram dos herdeiros 53% das ações, o que chegou a 93% em 1989. Nessa época, o Château estava precisando de reformas urgentes nas instalações e replantio nos vinhedos, o que foi feito a partir de 1964 com a compra de 12,5 hectares de vinhedos (fora do famoso vinhedo L'Enclos) e com a substituição dos tanques de madeira por tanques de aço inox, algo revolucionário para a época.

Em 1993, François Pinault comprou o Château por 131 milhões de dólares, o que foi considerado uma grande barganha, pois se estimou à época que só o estoque de garrafas na adega valia quase metade desse valor. Pinault é um empresário, proprietário do Grupo Artemis – conglomerado de marcas de luxo como Gucci e Yves Saint-Laurent e a casa de leilões Christie's – e com fortuna estimada em 12 bilhões de dólares. Possui também algumas outras vinícolas, como o Clos de Tart e o Domaine d'Eugenie (antiga vinícola do mítico Rene Engel) na Borgonha, o Château-Grillet, no Rhone, e o Araujo Estate, no Napa Valley.

François contratou o parisiense Frederic Engerer, colega de universidade de seu filho, com 30 anos à época e um apaixonado por vinhos (mas um completo *outsider* em Bordeaux), para ser o diretor do Château. Essa escolha causou certo estranhamento em Bordeaux, mas provou-se acertada, pois ele ainda está lá (tornou-se presidente em 1998) e implantou muitas melhorias no Château, como novas adegas, salas de vinificação e 80 pequenos tanques de inox (com capacidade a partir de 12 hectolitros), para vinificar por parcelas.

O vinhedo atualmente tem 96 hectares de vinhas, com 85% de Cabernet Sauvignon e 15% de Merlot. O grande destaque, com 47 hectares em volta do Château, é o vinhedo L'Enclos. Esse é considerado por muitos o melhor *terroir* de Bordeaux: alguma elevação (16 metros) em relação ao rio, solo com drenagem perfeita e camadas de cascalho muito profundas, e vinhas com até 100 anos de idade. As uvas utilizadas para o *grand vin* vêm exclusivamente desse vinhedo, das vinhas mais antigas. A admiração por esse vinhedo é tão grande que até seu vizinho (igualmente dono de um grande vinho) Château Pichon Lalande construiu sua nova sala de degustação com vista para o L'Enclos. É biodinâmico desde 2018. Ciente do seu papel de liderança na região, troca experiências e conhecimentos com as vinícolas vizinhas, que não considera como concorrentes. Acredita ainda que não adianta ser biodinâmico e ter cuidado com o meio ambiente se o seu vizinho também não tiver.

Desde 1966, com safras regulares desde 1990, produz um segundo vinho, o Les Forts de Latour, que recebe as uvas das vinhas mais novas (até 12 anos) do L'Enclos e de outras parcelas, como Petit Batailley, Comtesse de Lalande e Les Forts de Latour. É um pouco diferente de outros segundos vinhos, que recebem o que é desclassificado do *grand vin*, e por isso é considerado por muitos o melhor dos segundos vinhos; para Robert Parker, ele equivaleria em qualidade a um quarto cru. E o que não tem qualidade suficiente para entrar no Les Forts vai para o terceiro vinho, o Pauillac de Château Latour, produzido desde 1990, cuja ideia é ser bebido bem jovem e servido em taça em restaurantes. Faz ainda um quarto vinho, que é dado aos funcionários da vinícola.

O *grand vin* envelhece por 18 meses em barricas francesas 100% novas e produz cerca de 11 mil caixas ao ano, enquanto o segundo vinho envelhece 16 meses em barricas francesas 60% novas, com uma proporção maior de Merlot em sua composição e o terceiro vinho envelhece por 14 meses em barricas 20% novas.

Foi o primeiro Château a introduzir um selo de garantia contra falsificações e a construir novas adegas, uma exclusivamente para armazenar garrafas Magnum.

Em 2011, anunciou sua saída do sistema de vendas en primeur, pois alegou que queria ter mais controle sobre seus vinhos, podendo assegurar a proveniência e lançá-los quando achar que já estão prontos para o consumo. Isso faz bastante sentido para uma vinícola que não precisa do sistema *en primeur* para se financiar, como é o caso. E esses lançamentos não terão data e nem periodicidade definidos; por exemplo, em 2015 lançou algumas caixas do vinho 2003. Tem no Chateau um estoque de mais de 1 milhão de garrafas.

É um vinho que pode durar muito, que se recomenda esperar pelo menos 15-20 anos para beber e que praticamente qualquer safra estará boa. Mesmo em safras menores, como as 1967, 1970, 1974, 1976 e 1980, o vinho ainda está bom. Safras como as 1959 e 1961 (que aparece no filme *Ratatouille*) são míticas – e com muitas garrafas falsas no mercado. O 1982 foi considerado o melhor da safra, e realmente está fantástico (embora ainda deva durar muito). O 1990 é outro exemplo de Latour no auge, mas qualquer safra até 1999 já pode ser apreciada, com destaque também para os 1985, 1986 e 1989. Acho um desperdício abrir agora o 2000 ou qualquer safra a partir de 2005, embora 2001, 2002 e 2004 já possam ser apreciadas hoje.

Château Margaux

É o único dos *Grands Crus Classés* cujo nome é o mesmo nome da região. Denominada desde o século XII como "La Mothe de Margaux", a propriedade passou a produzir vinhos apenas no final do século XVI, quando Pierre de Lestonnac começou a plantar as vinhas. No final do século XVII, a propriedade tinha 265 hectares, cerca de 80 com vinhas, o mesmo tamanho atual.

No século XVIII, um vinicultor do Château chamado Berlon foi o primeiro a vinificar separado uvas brancas e tintas, que até então eram misturadas; foi ele também o primeiro a ter noções iniciais de *terroir*, estudando a característica dos diferentes tipos de solo e clima da vinícola. E, nesse período, começou a fama dela. Em 1705, em um leilão, foram anunciadas em um jornal londrino 230 barricas de "Margoose"; a safra de 1771 teve o primeiro vinho a aparecer no catálogo da casa de leilões Christie's: grandes conhecedores da época como o primeiro ministro inglês, *sir* Robert Walpole, e o então embaixador norte-americano na França, Thomas Jefferson, já faziam comentários elogiando esse vinho.

Na Revolução Francesa, o Château foi confiscado e seu proprietário Elie du Barry condenado à morte; seguiu-se um período de decadência e abandono, até que, em 1801, o marquês de la Colonilla, Bertrand Douat, comprou a vinícola e decidiu reerguê-la. Iniciou um programa de replantio nos vinhedos e chamou o arquiteto Louis Combes para construir o Château, que prestava homenagem ao panteão grego, que ainda existe e foi apelidado à época de "Versailles do Médoc". Na construção, Combes planejou todas as instalações possíveis para a produção de vinho, algo inovador para a época, e que permaneceu funcional por cerca de 200 anos. Apenas em 2015, o escritório do arquiteto *sir* Norman Foster concluiu uma nova construção para o Château, com nova adega e novo centro para visitantes.

Os herdeiros de La Colonilla não tinham interesse na vinícola e, após a morte de Bertrand, ela foi vendida, em 1830, para Alexandre Aguado, o primeiro banqueiro a ser proprietário de um Château em Bordeaux;

mas, após dificuldades com a infestação por *Phylloxera*, seus herdeiros venderam a propriedade, em 1875, para o Conde Pillet-Will.

Pillet-Will investiu na vinícola e conseguiu recuperá-la após a infestação pelo fungo; replantou grande parte do vinhedo e, com as vinhas muito novas, teve a ideia, já no final do século XIX, de engarrafar um "segundo vinho", para sinalizar aos consumidores que aquelas uvas não tinham a mesma qualidade do *grand vin*. Em 1908, começou oficialmente a produção do Pavillon Rouge, o segundo vinho do Château Margaux. Outra inovação na época, em 1924 (no mesmo ano que o barão Philippe de Rothschild teve a mesma ideia em sua vinícola), foi engarrafar o vinho no próprio Château, o que evitava que *négociants* pudessem alterar ou misturar o vinho com outros vinhos. Era comum que os *négociants* adicionassem aguardente ou vinho genérico do Rhone para aumentar os volumes, e ainda hoje se encontram garrafas mais antigas engarrafadas dessa forma. Nelas, o rótulo geralmente é diferente, não tem a inscrição "mis en bouteille au Château" (engarrafado na propriedade), e uma loja séria avisa que aquele vinho foi engarrafado por um *négociant*. A única que tomei nessas condições até o momento foi um Château La Mission Haut-Brion 1955, que estava realmente diferente.

Em 1950, seus herdeiros venderam o Château para a família Ginestet, *négociants* e proprietários de outras vinícolas, que tiveram graves problemas financeiros na década de 1970 e foram obrigados a vender a vinícola para o milionário grego André Mentzelopoulos, em 1977.

André, que havia feito fortuna com a venda de cereais no Paquistão e era casado com uma francesa, investiu em muitas reformulações na vinícola. Restaurou o edifício, construiu uma adega subterrânea, replantou os vinhedos e introduziu o envelhecimento em barricas novas, tudo sob a supervisão do professor de enologia Émile Peynaud. Além disso, reintroduziu o segundo vinho, diminuindo a quantidade do *grand vin*, e começou a produzir um vinho branco, o Pavillon Blanc.

André morreu em 1980 e sua filha Corinne assumiu o Château. Nesse período, fez uma sociedade com a família Agnelli, da Fiat, que durou até 2003, quando voltou a ser a única proprietária da vinícola. Manteve a equipe montada por seu pai e, por indicação de Peynaud, contratou, em 1983, o engenheiro agrônomo Paul Pontallier, com 27 anos na época (mesma idade de Corinne), que, em 1990, virou diretor-geral da vinícola. Pontallier e Corinne formaram uma grande parceria, que serviu para aumentar muito a qualidade do Château Margaux, até a morte dele em março de 2016. Desde 2017, Philippe Bascaules, que foi enólogo do Château entre 1990 e 2011, quando saiu para trabalhar na vinícola Inglenook, em Napa Valley, de Francis Ford Coppola, assumiu o lugar de Pontallier como diretor-geral.

Atualmente, são 82 hectares de vinhas para uvas tintas (com mais 5 hectares sempre em replantio) e 12 para brancas. De tintas tem 75% Cabernet Sauvignon, 20% Merlot, 3% Petit Verdot e 2% Cabernet Franc; e de brancas, 100% Sauvignon Blanc. Está estudando se diminui a quantidade de Merlot, por essa uva ser mais sensível aos efeitos do aquecimento global. Faz agricultura biodinâmica mas não busca certificação. A seleção é feita no vinhedo e para isso há 30 trabalhadores fixos, cada um cuida de uma parcela do vinhedo. Na época da colheita, chega a contratar mais de 200 pessoas. Vinifica por parcelas, em quase 100 tanques de madeira e de inox, de tamanhos variados. Cerca de 80% das áreas já são predefinidas para qual vinho suas uvas irão e 20% variam de acordo com a safra. Está testando vinificar em ânforas.

Utiliza barricas 100% francesas de seis fornecedores externos e produz em sua própria tonelaria 30% das barricas que utiliza. O *grand vin* envelhece de 20 a 24 meses em barricas 100% novas. O segundo vinho, que teve sua produção suspensa entre os anos 1930 e 1977, tem um pouco mais de Merlot em sua composição e envelhece de 18 a 20 meses em barricas francesas 60% novas. Desde 2009, começou a fazer um terceiro vinho, o Margaux du Château Margaux, com uvas que passaram a não ser mais aproveitadas no Pavillon Rouge e que envelhece de 14 a 16 meses em barricas 20% novas. Produz uma média de 17 mil garrafas e tem como objetivo atingir quem está começando a beber vinho e ser vendido em taça em restaurantes. Atualmente, está fazendo uma experiência para comparar o efeito da rolha tradicional e da tampa de rosca (*screw-cap*) no envelhecimento do vinho e, para isso, pretende acompanhar algumas safras de Pavillon Rouge com as duas opções por 40 anos.

Do Pavillon Blanc, cuja produção foi iniciada em 1978, produz pouco mais de 15 mil garrafas ao ano, que envelhecem em barricas francesas um terço novas por 7 a 8 meses. Em 2024 lançou um segundo vinho branco, o Pavillon Blanc Second Wine, cuja primeira safra será 2022.

Esse vinho é caracterizado pela elegância, ao contrário dos *Premiers Grands Crus Classés de Pauillac* que são caracterizados pela potência, e talvez por isso possa ser apreciado um pouco mais cedo. Não tem rivais em Margaux, exceto pelo Palmer em algumas poucas safras (como 1959, 1961, 1983 e 1989). Embora o próprio Château não recomende em razão das condições da vinícola na época, tive boas experiências com safras da era pré-Mentzelopoulos, como as 1971 e 1975. Praticamente todas as safras da década de 1980 estão boas e algumas excelentes, como as 1982, 1983, 1985, 1989, todas podendo ser apreciadas agora. Em relação ao Margaux 1983, infelizmente, a maioria das garrafas que abri não estava boa. Da década seguinte, a safra 1990 é a melhor, mas as 1994, 1995 e 1996 estão no auge, assim como as 1998 e 1999. A partir daí as safras entre 2001 e 2004 já podem ser apreciadas, mas 2000 e a partir de 2005 merecem uma guarda mais prolongada. Seu preço é alto, mas nunca chegou a disparar como o Lafite, e no *ranking* de preços Liv-ex 2015 ocupa a terceira posição.

Château Mouton Rothschild

O lema "Premier ne puis, second ne daigne, Mouton suis" (Primeiro não posso ser, me recuso a ser segundo, Mouton eu sou) nos rótulos até 1973 talvez seja o melhor resumo para a história desse vinho de Pauillac.

Esse Château tinha como proprietário no século XVIII o "Príncipe dos Vinhos", o marquês Nicolas-Alexandre de Ségur, que tinha esse apelido por ser também proprietário de outras vinícolas, como Latour, Lafite e Calon Ségur. No século XIX, pertenceu ao barão de Brane, e nessa época se chamou Château Brane-Mouton. Em 1853, foi adquirido em um leilão pelo Baron Nathaniel de Rothschild, do ramo inglês da família de banqueiros europeus, que queria servir a seus convidados seu próprio vinho; assim, passou a se chamar Mouton Rothschild.

O Château ficou um pouco abandonado pela família, até que, em 1922, seu bisneto, o barão Philippe de Rothschild, assumiu o comando. Foi uma das figuras mais importantes da história do vinho em Bordeaux, responsável por algumas inovações técnicas e de marketing, como a decisão de engarrafar todo o vinho no próprio Château, em 1924, em vez de vender em barris para os *négociants* engarrafarem (segundo a lenda, ele tomou essa decisão após beber um rótulo de Mouton em um restaurante e achar que estava muito diferente do que deveria ser). Além disso, foi o primeiro a pedir a um designer que fizesse o rótulo do vinho, em 1924 (ideia muito avançada para a época, abandonada por uns 20 anos); a construir uma adega de 100 metros de comprimento para poder armazenar seu vinho, em 1926; e a tornar o carneiro o símbolo do Château, fazendo uma associação com o símbolo do seu signo, Áries (embora a palavra *mouton* em francês antigo signifique um "pequeno monte").

Para comemorar o término da Segunda Guerra Mundial, em 1945, pediu ao artista Philippe Julian que desenhasse um rótulo com o V da vitória, o que deu início a uma das mais geniais estratégias de marketing da história do vinho: cada ano um artista contemporâneo é chamado para desenhar o rótulo do Mouton. Miró, Chagal, Dalí, Francis Bacon,

Picasso e até o príncipe Charles foram alguns que desenharam para o rótulo. O rótulo da safra de 1993 tem uma curiosidade: a obra de Balthus retrata uma pré-adolescente nua. Para evitar polêmicas com o puritano mercado americano, os rótulos exportados para lá aparecem em branco.

Criou também o Museu do Vinho na Arte, em uma antiga sala de barricas, com obras de arte relacionadas ao mundo do vinho e com todos os originais das obras que estão em seus rótulos. É, sem dúvida, uma das maiores atrações turísticas de Bordeaux.

Mas a grande obra do barão foi promover seu vinho para a *Premier Grand Cru Classé*. Em 1855, o que foi levado em conta para definir a classificação foi o preço de venda de cada vinho, e o Mouton era vendido na média a 68% do preço dos vinhos classificados como *Premier Grand Cru Classé*. Nessa época, ele havia sido comprado por Nathaniel de Rothschild há apenas dois anos e, após alguns investimentos em qualidade, seu preço subiu para cerca de 80% dos *Premiers Grands Crus Classés*, colocando-o como o segundo cru mais caro.

Porém, a partir de 1910, o preço se equiparou ao preço médio dos *premiers*, ficando bem superior aos do grupo ao qual pertencia pela classificação. Esse foi o principal argumento do barão nos 50 anos em que lutou para essa mudança. Nesse período, um de seus principais opositores foi seu primo, Elie de Rothschild, do vizinho Château Lafite Rothschild. Elie assumiu o Château Lafite em 1945, após ter lutado na Segunda Guerra Mundial. Apesar do parentesco, tornou-se rival de seu primo; trabalhou nos bastidores para excluí-lo do "Club des Cinq", em 1952 – associação informal que havia sido criada por Philippe nos anos 1920 com os quatro *Premiers Grands Crus Classés* – pois, segundo ele, o Mouton era um segundo cru e não deveria estar com os *premiers*. A partir daí, o barão passou a lutar obsessivamente para promover seu Château.

Usou algumas táticas, como revitalizar o Sindicato dos *Grands Crus Classés*, fez lobby junto a INAO e à Camara de Comércio para criar um concurso público para a reclassificação, mas a principal resistência se dava dentro do "Clube dos quatro". Seu primo e Bernard Ginestet, proprietário do Château Margaux, eram totalmente contra, enquanto as famílias Person (do Latour) e Dillon (do Haut-Brion) viam a iniciativa com alguma simpatia.

Com a posse de George Pompidou (antigo funcionário do Banco Rothschild) na presidência da França, o lobby intensificou-se e o Ministro da Agricultura fez uma reforma na INAO e colocou o barão como membro. Foi o sinal verde para a realização de um concurso para a reclassificação dos vinhos de Bordeaux.

Em junho de 1972, o Ministério da Agricultura pediu à Câmara de Comércio que abrisse o concurso, que deveria começar pelos *Premiers Grands Crus Classés* em junho de 1973. Em maio de 1973, após o último encontro de uma série iniciada em setembro de 1972 entre os proprietários dos quatro *Premiers Grands Crus Classés*, uma carta chegou ao barão, com o Château Lafite como remetente, dizendo que "não havia mais oposição ao Mouton ser aceito como *Premier Cru*".

Foi formado um júri com cinco membros para o concurso, que na prática nunca ocorreu, mas que serviu apenas para decretarem que a partir daquela data, em 1973, o Mouton Rothschild era um *Premier Cru*. Por muitos anos, como reconhecimento pela parceria, cada membro do júri recebeu uma caixa de Mouton no Natal.

O curioso é que, em sua extensa pesquisa para escrever seu ótimo livro *What Price Bordeaux?*, Benjamin Lewin MW não encontrou nenhum registro das reuniões desse júri (que aparentemente se reuniu apenas uma vez) nem outro Château que tenha se candidatado a rever sua classificação (o livro diz que o Château Gloria teria se candidato, informação negada pelos atuais proprietários), nada publicado no *Journal Oficial* (algo como o Diário Oficial francês) e nem o documento oficial que registra a promoção. O próprio Mouton afirma não ter esse documento em seus arquivos. A única coisa que existe é uma cópia do jornal *Sud-Ouest* do dia 28 de junho de 1973 nos arquivos do governo francês, no qual a promoção é relatada.

Como comemoração, o rótulo da safra de 1973 tem um desenho de Pablo Picasso, que havia morrido naquele ano. Durante anos, o barão tentou convencê-lo a fazer um rótulo, mas ele nunca quis. Em razão da simbologia do ano, sua família aceitou ceder a obra *Bacchanale* para o rótulo.

Na prática, o *upgrade* do Mouton, embora muito justo, não mudou muita coisa, pois seu preço continuou parecido com o dos outros *Premiers Grands Crus Classés*. A principal mudança foi em seu lema, que passou de "Premier ne puis, Second ne daigne, Mouton suis" (algo como "Primeiro não posso ser, Segundo não me permito ser, Mouton eu sou") para "Premier je suis, Second je fus, Mouton ne change" ("Primeiro eu sou, Segundo eu fui, Mouton não muda").

O barão morreu em 1988 e sua única filha Philippine cuidou das vinícolas com o mesmo entusiasmo até sua morte, em agosto de 2014. Atualmente, dois de seus filhos cuidam dos negócios.

Com 75 hectares de vinhedos localizados no *"plateau* de Mouton", tem 80% de Cabernet Sauvignon, 16% de Merlot, 3% de Cabernet Franc e 1% de Petit Verdot. Cada parcela do vinhedo é cuidada pela mesma pessoa, todos os anos. Inaugurou uma reforma nas instalações em 2013, uma obra de 20 milhões de euros, que permite vinificar por gravidade.

Faz ainda um segundo vinho, o Le Petit Mouton, um terceiro vinho, o Baron Nathaniel, e um branco, o Aile d'Argent. O *grand vin* envelhece de 19 a 22 meses em barricas 100% francesas. Nos últimos anos, com a chegada de Philippe Dhalluin, a seleção para o *grand vin* tem ficado mais criteriosa, e com isso vieram qualidade melhor e produção menor. Atualmente, produz em média 20 mil caixas ao ano, contra 25 a 30 mil caixas ao ano de tempos atrás. Em julho de 2020, Jean-Emannuel Danjoy assumiu a recém-criada diretoria técnica do grupo; antes diretor do Chateau Clerc Millon, ele agora é responsável pelos GCC da família.

Das safras antigas, o melhor que provei foi o 1964, surpreendentemente inteiro, no auge, trazendo tudo o que se espera de um grande Bordeaux. Da década de 1970, safras como 1973, 1976 e 1978 já mostraram algum sinal de cansaço, embora ainda possam ser apreciados; já 1970 e 1975, desde que vindos de garrafas muito bem conservadas (e com um pouco de sorte), ainda estão muito bons.

Da década de 1980, em minha opinião, os melhores, consistentemente, são os 1983 e 1985. Safras como 1981, 1987 e 1988 também estão boas, mas aparentam estar iniciando seu declínio. As safras mais badaladas dessa década, 1982 e 1986, parecem ainda não estar prontas. As vezes em que provei ambos, sempre pareceram fechados, mesmo após algumas horas de decantação. Em uma única oportunidade, provei um de 1986 aparentemente pronto.

A safra de 1990, surpreendentemente, já apresenta alguns sinais de declínio e não repete a "performance" de outros *Premiers Grands Crus Classés*. Já 1993, 1995 e 1996 estão no auge. Safras menores, como 1992 e 1994, podem ainda ser apreciadas. O Mouton 2000, garrafa com o carneiro dourado, agora começa a mostrar alguma evolução, mas ainda precisa de muitos anos de guarda.

Das novas safras, 2001 e 2003 já apresentam claros sinais de evolução, e, principalmente, esta última, que deve ser consumida logo. Os vinhos dos anos 2002, 2004 e 2007 já podem ser consumidos, enquanto 2005, 2008, 2009 e 2010 são apostas de longo prazo.

Segundos Crus

Château Brane-Cantenac

A história deste Château começa no século XVIII, quando o barão Hector de Brane compra a propriedade após vender uma vinícola em Pauillac, até então conhecida como Brane Mouton, e posteriormente Mouton Rothschild.

Adiciona o nome de sua família à comuna de Margaux, onde está localizado, e dá origem ao Château Brane-Cantenac. Em 1866, foi vendido para a família Roy, à época proprietária do Château D'Issan. E, em 1920, foi adquirido por um consórcio de produtores e vendedores de vinho, a *Société Fermière des Grands Crus de France*.

Em 1925, Léonce Récapet e seu genro, François Lurton, adquiriram a vinícola, que depois passou para Lucien Lurton, filho de François. Ele construiu um verdadeiro império, com uma grande quantidade de vinícolas em Bordeaux e alguns *Grands Crus Classés*, como o Durfort-Vivens e o Climens. Quando decidiu se aposentar em 1992, chamou seus dez filhos e pediu a eles que quem tivesse interesse escrevesse em um papel, em ordem, três vinícolas que gostariam de cuidar. Dessa forma, tentou satisfazer a todos os seus filhos.

Coube a Henri Lurton, que já havia trabalhado em vinícolas no Chile, Austrália e África do Sul, talvez o filho mais bem preparado tecnicamente, ficar com o Brane-Cantenac. Atualmente, pai e filho moram no Château.

Seus 75 hectares, praticamente a mesma medida de 1855, estão divididos em algumas parcelas, como os 30 hectares do *plateau* de Brane, em frente ao Château, e os 15 hectares atrás do Château, que sempre produzem uvas para o *grand vin*. Num total de 55% de Cabernet Sauvignon, 40% de Merlot, 4,5% de Cabernet Franc e 0,5% de Carménère, plantados em 2011 e ainda em teste.

Curiosamente, enquanto ainda não decidem acrescentar Carménère a um de seus vinhos, a vinícola produz cerca de 300 meias garrafas por ano de um 100% Carménère que não é vendido, é apenas servido a quem visita o Château.

Construiu sua nova vinícola em 1999, com tanques de diferentes tamanhos, para poder vinificar separadamente cada uma de suas 70 parcelas diferentes do vinhedo.

Henri Lurton decidiu criar um segundo vinho, o Baron de Brane, com identidade própria e elegância, mas com menos concentração, por isso utiliza algumas uvas do *plateau* de Brane para o segundo vinho. Faz também um terceiro vinho, mais simples, para ser servido em taça nos restaurantes. Utiliza 70% de barricas novas, sempre francesas e de sete fornecedores, para o *grand vin*, 30% para o segundo vinho, sempre francesas, e de 7 fornecedores.

Durante o processo de vinificação, a equipe técnica de cinco enólogos prova os vinhos às cegas e, auxiliada pelo consultor Eric Boissenot, decide o que vai para cada vinho. Além disso, fazem degustações separadas de amostras das barricas de cada um dos fornecedores para avaliar como cada uma interage no seu vinho.

Segundo Henri, as barricas da Seguin Moreau dão um caráter de madeira adocicada e baunilha, enquanto Dentos dá um caráter mais masculino, com aromas de café e madeira. Essas informações auxiliam na elaboração do *blend* final. Além disso, fazem uma pequena amostra de vinho, utilizando apenas barricas de um fornecedor, e degustam ao longo dos anos para comparar o efeito de cada barrica na evolução do vinho.

Em algumas partes do vinhedo, está empregando agricultura biodinâmica desde 2010, talvez sob a influência de Berenice, irmã de Henri, que converteu todo o seu *Premier Grand Cru Classé* de Sauternes, Château Climens, em biodinâmico. Por outro lado, investe também em tecnologia, utilizando um *scanner* óptico para selecionar as uvas e um QR *code* em cada garrafa, tanto no *grand vin* quanto no segundo vinho, que traz informações específicas sobre aquela garrafa, com dados sobre a safra e dicas de harmonização, temperatura de serviço e potencial de guarda.

É um vinho que tem como principal característica a elegância, com grande potencial de guarda. Pelo preço razoável é uma das boas compras de Bordeaux. Safras como 1982, 1983, 1986, 1990 e 2000 estão atualmente no auge.

Château Cos D'Estournel

Este segundo cru de Saint-Estèphe tem clara inspiração na Índia; seu fundador, Louis Gaspard D'Estournel, que herdou algumas vinhas, comprou outras e organizou o vinhedo, era conhecido como o "Marajá de Saint-Estèphe", pois exportava seu vinho para a Índia. Construiu o Château com arquitetura indiana, com pagodes nas adegas, vindos de palácios de Zanzibar. Em 1852, assolado em dívidas, vendeu a vinícola para a família Martyns, de banqueiros ingleses, que permitiram que ele vivesse no local até sua morte, em 1853, aos 91 anos de idade.

A vinícola passou por vários donos até que, em 1917, foi comprada por Fernand Ginestet, de uma tradicional família de *négociants* de Bordeaux. Um de seus netos, Bruno Prats, herdou e administrou o Château por muitos anos, até que, em 2000, o vendeu para Michel Reybier, que manteve Jean--Guillaume Prats, filho de Bruno, na administração do Château até 2013.

Tem 100 hectares de uvas tintas, na proporção de 60% de Cabernet Sauvignon, 34% de Merlot, e 3% de Cabernet Franc e de Petit Verdot. Como grande parte da Merlot está em um morro, o Château não se preocupa com o efeito que o aquecimento global pode ter nesta casta.

Desde 2005, produz o Cos D'Estournel branco (que não faz parte da classificação de 1855, englobando apenas tintos em Saint-Esthèpe), em cinco hectares de vinhedos ao norte do Médoc, próximos ao Oceano Atlântico, com cerca 80% de Sauvignon Blanc e 20% de Sémillon. Ao contrário de alguns outros brancos de Bordeaux, as uvas utilizadas para o Cos branco não vêm de áreas onde uvas tintas foram substituídas por brancas, mas sim de outra área comprada especificamente para esse fim. Tenta manter sempre a mesma equipe de colheita, com 80% dos trabalhadores vindos de uma mesma região da Andaluzia; alguns já trabalham na colheita há mais de 20 anos.

Projetada por Jacques Garcia e Jean-Michel Wilmotte, a moderníssima vinícola trabalha por gravidade; tem 72 tanques de fermentação, onde vinifica separadamente cada área do vinhedo, para depois definir o que vai para o *grand vin* e o que vai para o segundo vinho, o Les Pagodes de Cos. Utiliza 100% de barrica francesa de sete fornecedores, 60% nova para o *grand vin*, que lá permance por 18 meses, e 20% nova para o Les Pagodes, que envelhece por 12 meses. Tem uma "biblioteca" na vinícola, ao final de uma passarela sobre a sala de barricas, com um acervo de safras antigas que sem dúvida é uma das mais bonitas de Bordeaux. Por outro lado, é hoje em dia uma das pouquíssimas que cobram pela visita: 15 euros, que podem ser utilizados em compras na loja da vinícola, algo igualmente incomum nas vinícolas *top* de Bordeaux, que não têm loja e não vendem vinhos.

Em 2018 lançou uma edição especial, o Cos 100, um vinho 100% Merlot proveniente de suas vinhas mais antigas, plantadas em 1915. Foram feitas apenas 2 barricas de vinho, engarrafado em garrafas de formatos maiores como 3 e 12 litros, e a renda de sua venda foi revertida para um projeto de preservação dos elefantes na Ásia.

É um vinho que envelhece bem e que demora alguns anos (muitos, dependendo da safra) para atingir seu pico. As safras 1982, 1985, 1986 e 1990 são excelentes e já podem ser provadas. O 1962, embora um pouco cansado em 2016, ainda podia ser apreciado com prazer. Alguns mais novos e muito bem pontuados, como os de 2000, 2005, 2009 e 2010, ainda precisam de algum tempo em garrafa. Mas, geralmente, qualquer safra desse vinho será boa, mesmo as menos festejadas, como 1999, 2002 e 2004. É o nono vinho mais caro da margem esquerda segundo o índice Liv-ex 2021.

Château Ducru-Beaucaillou

Este segundo cru de Saint-Julien é conhecido pela presença de grandes pedras em seus vinhedos; quanto mais pedras, mais pobre o solo, melhor para o vinho.

O termo *beau caillou* significa "pedra bonita" e foi adicionado ao sobrenome de Bertrand Ducru, que comprou os vinhedos (antes parte do Château Beychevelle), em 1759, para batizá-los.

Bertrand fez um importante investimento nos vinhedos e contratou um arquiteto de Paris para projetar o Château, voltado para o estuário do rio Gironde e, sem dúvida, um dos mais bonitos de Bordeaux.

Essa família investiu bastante em melhorias nos vinhedos e nas salas das barricas e foi proprietária do Château até 1866, quando o vendeu para Lucie-Caroline Dassier, esposa de Nathaniel Johnston, um comerciante de vinhos que foi também prefeito de Saint-Julien. Ele fez importantes pesquisas sobre proteção das vinhas, criando a *bouillie bordelaise* (calda bordalesa), um antídoto natural contra uma espécie de bolor que estava atacando os vinhedos na época; antídoto utilizado ainda atualmente em jardinagem. Dois anos após a morte de Lucie-Caroline, em 1876, ele se casou com a princesa de Constantinopla. O casal contratou o premiado arquiteto Louis-Michel Garros, que construiu as duas torres e fez as duas asas laterais, dando ao Château o formato de U, além de ter construído o parque com um jardim em três níveis com vista para o rio Gironde.

Com a Crise de 1929, a família teve de vender o Château para a família Desbarats, que, em 1941, o vendeu novamente para a família Borie. Francis e Marcel Borie eram proprietários da Borie Frères, e, em 1929, compraram o Château Batailley, quinto cru de Pauillac. Em 1939, resolveram separar a empresa para facilitar a divisão entre os herdeiros.

Marcel fundou a Borie Manoux e ficou com o Château Batailley; Francis fundou a Francis Borie Company e ficou com 30 hectares dos vinhedos, criando o Château Haut-Batailley. Em 1941, em plena Segunda Guerra Mundial, Francis comprou o Ducru-Beaucaillou. O filho dele, Jean Eugenie, ampliou a empresa familiar, adquirindo outros Châteaux; em 1970, com 30 hectares de vinhas não classificadas compradas do Lagrange, criou o Château Lalande-Borie, também em Saint-Julien; e, em 1978, comprou o Grand-Puy-Lacoste, em Pauillac.

Após seu afastamento dos negócios, a empresa foi dividida entre os filhos e coube a Bruno Borie, o filho mais novo, a administração do Château Ducru-Beaucaillou. Bruno, seus filhos e sua mãe ainda vivem no Château.

Atualmente, tem 75 hectares de vinhas: 70% de Cabernet Sauvignon e 30% de Merlot, com idade média de 35 anos. Faz a vinificação por parcelas, e só três meses após a fermentação alcoólica a equipe de enólogos decide o que vai para o *grand vin*, o que vai para o segundo vinho, La Croix de Beaucaillou, e o que será vendido a granel como Saint-Julien AOC. Para o *grand vin* utiliza-se 100% de barricas francesas de 50% a 80% novas, de cinco fornecedores, onde o vinho envelhece por 18 meses. Para o segundo vinho, 20% a 40 % de barricas novas francesas, onde envelhece por 12 meses.

É um dos poucos vinhos de Bordeaux a ter um rótulo laranja; em 2009, chamou a *designer* Jade Jagger (filha do *rolling stone* Mick Jagger) para desenhar um rótulo especial para uma edição limitada de 50 garrafas de grande formato. O resultado foi muito satisfatório no mercado e, a partir da safra 2010, todas as garrafas de La Croix ganharam esse rótulo.

Garrafas de safras entre 1987 e 1990 apresentam um alto índice de contaminação por TCA, fungo responsável por um odor desagradável no vinho; para resolver esse problema, o Château construiu uma nova sala de fermentação, uma nova sala de barricas, eliminou as paletas de madeira utilizadas no transporte do vinho (onde o TCA pode se abrigar), implementou testes rigorosos nas rolhas, e as safras após 1990 não apresentaram mais esse índice fora do normal de contaminação. Curioso que os vinhos dessas safras apresentam um preço de mercado bem abaixo da média: o 1990, por exemplo, safra excelente, é vendido na Europa a cerca de 80 euros, bem menos que outros vinhos dessa safra. Talvez por já ter tido a experiência de abrir um 90 *bouchonné*, acho que não vale o risco.

Das safras antigas, o 1961 é lendário e caríssimo e, segundo alguns relatos, talvez ainda esteja no auge se proveniente de uma garrafa muito bem conservada; os 1982 e 1985 estão no auge.

Provei excelentes exemplares de 1983 e 1989 (apesar do problema das rolhas); já das mais novas, os 2000, 2005, 2008, 2009 (esta agraciada com 100 pontos por Parker) e 2010 são as melhores, mas todas têm seu preço um pouco mais alto e ainda exigem uma guarda mais prolongada. Atualmente, esse é um vinho considerado no grupo dos "super segundos", o que faz com que seu preço sempre seja um pouco mais elevado que os outros segundos crus.

Leonardo Liporone Baruki

Château Durfort-Vivens

As terras dessa vinícola pertenciam desde o século XIV à família Durfort de Duras; em 1824, o nome do seu proprietário Visconde de Vivens foi adicionado ao da vinícola. Nessa época, seus vinhos contavam com ótima reputação; em algumas safras, chegou a ter o segundo preço mais alto da AOC Margaux, perdendo apenas para o Château Margaux. Em seu diário de relatos, sobre suas visitas à região de Bordeaux, o então embaixador americano Thomas Jefferson classificou esse Château no segundo nível, o que foi confirmado em 1855 com a classificação de segundo cru.

Por um período teve como proprietária a mesma empresa controladora do Château Margaux e nesta época seus vinhos eram feitos lá. Em 1961, foi comprado por Lucien Lurton, que passou a vinícola a seu filho Gonzague, em 1992. Ele promoveu mudanças, como a construção de nova sala de fermentação e de barricas. Desde 2009, está tentando mudar o estilo do vinho, esperando um pouco mais para colher as uvas mais maduras e concentradas; e desde 2013 o vinhedo está utilizando técnicas biodinâmicas em 100% de sua área. Hoje, tanto o vinhedo quanto o vinho são certificados.

Talvez essa modernização nas técnicas de vinificação seja uma resposta ao mercado, ou mais especificamente a Robert Parker, que considerava seus vinhos "fora de moda". Gonzague e o famoso crítico americano se envolveram em uma polêmica quando o produtor afirmou ter dúvidas se os vinhos servidos por seus vizinhos nas degustações *en primeur* eram amostras reais da safra a ser exibida ou, se de alguma forma, eram preparados para encantar os críticos e receber notas melhores. Parker afirmou em seu livro *Bordeaux – A Consumer's Guide to the World Finest Wines*, edição de 2003, que com mais de 20 anos de experiência em degustações en primeur duvidava disso e que Gonzague deveria deixar a arrogância de lado e se preocupar com seu próprio vinho. Como consequência dessa polêmica, por muitos anos Gonzague proibiu Parker de provar seus vinhos na semana en primeur, o que só voltou a ocorrer em 2009.

Por outro lado, Parker também não dá notas para os vinhos entre 2001 e 2006. Parece que agora a relação entre eles está mais normal; embora as notas das últimas safras tenham sido as melhores ainda atualmente, Parker nunca deu mais de 89 pontos para um Durfort-Vivens.

Com 55 hectares de vinhedos, tem 90% de Cabernet Sauvignon, 8% de Merlot e 2% de Cabernet Franc, e tem 20 áreas diferentes no vinhedo, cada uma vinificada separadamente. Reduziu gradativamente o percentual de Merlot (antes 24%) por achar que ela é menos resistente aos efeitos do aquecimento global. Utiliza 50% de barricas novas e 50% de primeiro ano, de quatro fornecedores, com três tostas diferentes. Segundo o diretor técnico Léopold Valentin, diferentes fornecedores podem dar uma diferença de cor, o que tornaria o vinho heterogêneo. Atualmente faz experiência com ânforas e está em testes para fazer um vinho "natural", sem sulfitos. Faz três rótulos para o segundo vinho: Vivens, Le Relais de Durfort-Vivens e Jardin de Durfort, este exclusivo para o mercado chinês e tem Eric Boissenot como consultor.

Nunca provei nada empolgante das safras antigas deste vinho, mas creio que as safras mais atuais, como 2015 e 2017, podem evoluir bem no futuro. Será interessante acompanhar o resultado dessas modificações no vinhedo e na vinificação.

Château Gruaud Larose

Seus primeiros registros são do século XVIII. Joseph Stanislas Gruaud era proprietário do vinhedo "Fombedeau", também chamado de Gruaud. Em 1740, construiu uma torre voltada para a cidade de Beychevelle, onde hasteava bandeiras com as nacionalidades dos compradores de seus vinhos, uma forma de mostrar a seus vizinhos que estava vendendo. Após sua morte em 1771, a propriedade passou a pertencer ao general de Larose, que acrescentou seu sobrenome ao vinho.

Sua morte, em 1775, trouxe uma intensa briga de herdeiros que durou até 1865 (após sua classificação como segundo cru), quando o Château foi dividido em dois: Gruaud Larose-Bethman e Gruaud-Larose-Sarget.

Em 1917, a família Cordier, proprietária de outras vinícolas como o Château Talbot, comprou a parte da viúva do barão de Sarget e, finalmente, em 1935 comprou a outra parte, reunificando o Château Gruad Larose e mantendo sua propriedade até 1983. Após passar pelas mãos do grupo Suez e pela Alston, em 1997, o Château é adquirido pela família Merlaut, sua atual proprietária.

No final do século XVIII, em sua famosa visita à região de Bordeaux, o então embaixador americano na França, Thomas Jefferson, notório apreciador de vinhos, fez uma classificação própria (não havia ainda a oficial), na qual colocou o vinho abaixo dos quatro futuros *premiers* e no mesmo nível de Rauzan e Léoville.

Em 1872, o navio Marie-Therese saiu de Bordeaux para Saigon (atual Ho Chi Min) no Vietnã, com cerca de 2 mil garrafas de Gruad Larose 1865; o navio só foi encontrado em 1992, e o vinho foi aberto e descrito por quem o degustou como tendo ainda "notas florais".

Outra curiosidade do Château é que desde 1997 tem um sistema de proteção contra granizo; um radar detecta a chance de formação de granizo e ativa uma onda sonora que quebra o granizo, protegendo o vinhedo. Existem apenas mais dois sistemas como esse em Bordeaux.

Com 82 hectares de vinhedos em um bloco único, mantém os mesmos vinhedos desde antes da classificação de 1855 (algo relativamente incomum). Tem 61% de Cabernet Sauvignon, 29% de Merlot, 7% de Cabernet Franc e 3% de Petit Verdot. Desde 2019 é 100% orgânico, mas ainda está estudando a viabilidade de se tornar biodinâmico. Nesse mesmo ano, assumiu sua nova enóloga, Stephanie Lebaron.

Faz a fermentação separada por microclimas, depois faz o *blend* e define o que vai para o *grand vin* e o que vai para o segundo vinho, Sarget de Gruaud Larose, que existe desde 1979. Envelhece o *grand vin* por 18 meses em barricas 100% francesas e 80% novas. Produz em média 150 mil garrafas do Gruaud Larose e 250 mil do Sarget.

Hoje em dia, embora classificado como segundo cru, Gruaud Larose não tem o mesmo prestígio de outros com a mesma classificação e não faz parte do grupo dos "super segundos" (que inclui vinhos de diferentes classificações). Na sua versão 2015, a classificação do site Liv-ex o colocou como o vigésimo sétimo vinho mais caro (era o décimo-segundo em 1855) da margem esquerda, por isso esse vinho ainda é uma boa opção de compra.

Algumas safras da década de 1980, como 1982, 1985 e 1986, estão no auge, assim como 1990, 1995 e 1999. A partir de 2000, acredito que o vinho ainda precise de mais algum tempo em garrafa. As safras 2001, 2006 e 2008 já podem ser apreciadas, mas as demais acredito que ainda precisem de mais algum tempo em garrafa.

Tem uma das melhores estruturas de enoturismo de Bordeaux, com possibilidade de organizar degustações de safras antigas, harmonização com queijos e jantares no Château. Reformou a área de recepção e construiu uma torre, que proporciona uma vista incrível dos vinhedos. É também o único *Grand Cru Classé* com a opção Língua Portuguesa no site.

Château Lascombes

Os primeiros registros desse segundo cru de Margaux são do século XVII, quando Antoine de Lascombes, o chevalier de Lascombes, herdou as terras da família Durfort de Duras, proprietária na época do atual Château Durfort-Vivens. Na época da classificação de 1855, era conhecido ainda como Domaine Lascombes (até 1860). Passou por vários proprietários, incluindo a família Ginestet nos anos 1930, na época também proprietária do Château Margaux. Na Segunda Guerra Mundial, o castelo serviu de abrigo para o exército aliado.

Em 1951, foi comprado por um grupo de investidores liderados por Alexis Lichine. Americano de origem russa criado em Paris e um dos maiores escritores de vinho do seu tempo, Lichine começou como importador de vinhos franceses para os EUA. Garantiu o envio desses vinhos durante a Segunda Guerra Mundial para Winston Churchill e Dwight Eisenhower, e se tornou o fornecedor da Casa Branca entre 1953 e 1961, quando Eisenhower foi presidente.

Seu grupo de investidores tinha pessoas como David Rockfeller e Warren Pershing. Melhorias importantes foram feitas para recuperar vinhedos e instalações, que estavam praticamente abandonados. Na mesma época, Lichine adquiriu o Château Prieúre-Cantenac, rebatizado como Prieuré-Lichine.

Em 1971, o Château foi vendido para o grupo inglês Bass Charrington, porém a administração não foi muito bem-sucedida e o vinho perdeu muito em qualidade. Em 2001, foi adquirido pelo grupo americano Colony Capital, que investiu cerca de 67 milhões de dólares em estudos geológicos, replantou parte dos vinhedos e construiu uma nova adega por gravidade. Contratou para diretor técnico Dominique Befve, que havia exercido essa função por dez anos no Château Lafite-Rothschild, e Michel Rolland para consultor. O vinho voltou a ser bem recebido pela crítica e seus preços aumentaram. Em 2007, foi colocado à venda, o que se concretizou em 2011; após alguma especulação de que seria comprado por um grupo chinês, o que seria um marco, pois seria o primeiro (da história) *Grand*

Cru Classé a pertencer aos chineses, o grupo francês MACSF pagou cerca de 200 milhões de euros pela propriedade e manteve toda a sua equipe. Em 2022, o Château foi vendido para a Lawrence Wine Estates, empresa baseada no Napa Valley, e que tem em seu portfólio vinícolas como a Heitz Cellar. Rolland continua como consultor e Delphine Barboux assumiu a diretoria técnica.

Atualmente, conta com 112 hectares na apelação Margaux (12% da AOC Margaux), o que representa um grande aumento em sua área; com 50 hectares de vinhedos em 2004, tinha 27 em 1855 e chegou a ter apenas 11 em 1951! Esse aumento aconteceu pelo replantio de vinhas após os estudos geológicos nos 200 hectares e pelo aluguel de mais 27 hectares do vizinho Château Martinens.

Pelas regras da classificação, um Château pode adicionar áreas aos seus vinhedos e, se essas áreas estiverem localizadas na AOC da qual ele faz parte, podem dar uvas para o *grand vin*. A classificação de 1855 não foi uma classificação de vinhedo, como na Borgonha, mas sim de Châteaux. Geralmente, as vinícolas dizem que utilizam essas áreas novas para o segundo vinho.

O vinhedo tem uma característica incomum no Médoc: tem 50% de Merlot, 47% de Cabernet Sauvignon, 2% de Petit Verdot e 1% de Cabernet Franc, que foi recentemente plantado para testes. O *blend* final do *grand vin* reflete o vinhedo e, desde 2006, sempre tem mais Merlot que Cabernet Sauvignon (em 2009, tinha 48% de cada um). Os vinhos envelhecem por 18 a 20 meses em barricas francesas 80% novas. Produz em média 300 mil garrafas/ano do *grand vin*. Faz cerca de 200 mil garrafas/ano de um segundo vinho, o Chevalier de Lascombes, e dos 25 hectares de vinhedos na apelação Haut-Médoc faz o Haut-Médoc de Lascombes.

Nunca provei nada espetacular dessa vinícola e, em minha opinião, talvez seus vinhos não tenham o que se espera de um segundo cru. Mas vale ficar de olho na evolução das boas safras atuais e no efeito que as mudanças prometidas pelos novos proprietários terão no vinho nos próximos anos.

Château Léoville Barton

Este segundo cru de Saint-Julien tem a mesma origem dos outros dois Léovilles, visto que todos faziam parte de um único vinhedo, que, no século XVII, era conhecido como "Mont-Moytié", propriedade da família Moytié. No século XVIII, passou para as mãos de Alexandre de Gasc, que o renomeou de Léoville e o transformou no maior vinhedo do Médoc na época, com 120 hectares. Ele introduziu modernas técnicas de vinificação para a época, com a introdução de diferentes variedades de uvas e a construção de uma nova adega. Seus quatro herdeiros mantiveram os vinhedos unidos, mas quando um deles, o marquês de Las Cases, seguiu com a família Bourbon para o exílio, em 1793, sua parte do vinhedo foi tomada pelo governo e, após algumas vendas, foi adquirida, em 1826, pela família irlandesa Barton, dando origem ao Château Léoville Barton.

Como o que compraram foi uma parte dos vinhedos, mas sem um Château ou instalações próprias para fazer vinho, a família, que já era proprietária do Langoa Barton na mesma região, decidiu utilizar as mesmas instalações para fazer o Léoville, o que ainda acontece. Portanto, o Léoville Barton não tem um Château; o que aparece no seu rótulo na verdade é o Château do Langoa Barton, e é onde a família proprietária ainda mora.

Os Barton começaram sua história em Bordeaux em 1722, quando Thomas Barton foi enviado a trabalho para a França; interessou-se por vinhos e fundou a empresa Barton & Guestier, que ainda existe. Como a lei francesa na época dizia que todo o cidadão estrangeiro ao morrer deixava seus bens para a coroa francesa, ele nunca comprou vinhedos, apenas trabalhou com a venda de vinhos. Seu neto Hugh assumiu os negócios da família, mas teve de se exilar na Inglaterra, por causa da Revolução Francesa. Mesmo de lá continuou com os negócios e, quando retornou à França, adquiriu, em 1821, o que daria origem ao Château Langoa Barton e, em 1826, o que seria o Château Léoville Barton. Hugh morreu em 1854, e as três gerações seguintes administraram os negócios a distância, morando na Irlanda. Apenas em 1924, outro Barton, Ronald, se interessou pelos vinhedos e foi morar em Bordeaux. Começou a implementar mudanças nos vinhedos, mas, em 1940, teve de lutar na Segunda Guerra Mundial; serviu na Inglaterra e no Oriente Médio. Retornou a Bordeaux apenas em 1945, onde encontrou os vinhedos em péssimo estado. Trabalhou na sua recuperação e viveu no Château até sua morte em 1986.

Como não teve filhos, doou as vinícolas para seu sobrinho Antony Barton. Nascido na Irlanda, mudou-se para Bordeaux em 1951. Acompanhava o tio nas vinícolas, mas trabalhava como diretor de exportação da Barton & Guestier até criar sua própria empresa a "Les vins fins Anthony Barton", em 1967. Tornou-se responsável pelas vinícolas apenas em 1983, sem dúvida uma das figuras mais importantes do Médoc e um dos grandes embaixadores de Bordeaux. Talvez seja, atualmente, o proprietário de vinícola com a imagem mais associada a seu vinho e reconhecido por sua integridade e pela política particular de preços justos, o que faz com que seu vinho sempre tenha sido não apenas o mais barato dos três Léovilles, mas um dos mais baratos entre todos os segundos crus – sem dúvida uma das melhores compras do Médoc. Dizia "não considerar seu vinho *underpriced* e que não queria competir preços com seus vizinhos; que isso se tratava apenas de vaidade e que não ajuda a melhorar a imagem dos vinhos de Bordeaux". Acredita que seu vinho tem de ser clássico, elegante e sem excessos. Foi o quinto proprietário de um *Grand Cru Classé* do Médoc a ser eleito "Man of the Year" pela revista inglesa *Decanter*, em 2007. Desde que afastou-se do comando da vinícola após alguns problemas de saúde, sua filha Lilian e seus netos passaram a comandá-la. Antony faleceu em 2022.

Tem 50 hectares de vinhedos, com 74% de Cabernet Sauvignon, 23% de Merlot e 3% de Cabernet Franc, vinhas com idade média de 30 anos. Não utiliza técnicas muito modernas de vinificação. Utiliza alguns tanques de madeira da década de 1960, com formato cônico (o que voltou à moda atualmente).

O *grand vin*, com produção média de cerca de 240 mil garrafas ao ano, envelhece em barricas francesas 50% novas por cerca de 20 meses; faz ainda um segundo vinho, o La Reserve de Léoville Barton, com mais Merlot no seu corte e feito para ser bebido antes.

É um vinho que demora um pouco para atingir sua plenitude, mas talvez menos tempo que seus vizinhos. Safras clássicas, como 1982, 1986 e 1990, estão no auge, mas outras mais novas, como 1995, 1997 e 1998, também já estão muito boas. As safras 2000 e 2005, embora ainda novas, parecem que estarão prontas antes de outros Châteaux do mesmo nível. Para mim é uma excelente compra, embora o considere um degrau abaixo dos outros dois Léovilles.

Château Léoville Las Cases

Segundo cru de Saint-Julien, tem origem comum aos demais Léovilles; no século XVII, quando era conhecido como "Mont-Moytié", propriedade da família Moytié. No século XVIII, passou para as mãos de Alexandre de Gasc, que o renomeou de Léoville e o transformou no maior vinhedo do Médoc na época, com 120 hectares. Ele foi responsável por modernizar algumas técnicas de vinificação e as instalações; introduziu diferentes variedades de uvas e construiu uma nova adega. Seus quatro herdeiros mantiveram os vinhedos unidos, mas quando um deles, o marquês de Las Cases, seguiu com a família Bourbon para o exílio, em 1793, sua parte no vinhedo foi tomada pelo governo e, após algumas vendas, foi adquirida pela família irlandesa Barton, dando origem ao Château Léoville Barton. As outras duas partes se mantiveram com a família e foram divididas em 1840. A parte que coube a Pierre Jean de Las Cases originou o Château Léoville Las Cases, e a de sua irmã Jeanne, casada com o barão Jean Marie Poyferré de Céres, originou o Château Léoville-Poyferré.

Os herdeiros de Pierre Jean, Adolphe e Gabriel de Las Cases, ficaram com a propriedade até 1900, quando a venderam para Théophile Skawinski, na época gerente do Château, e que foi sucedido por André Delon, seu herdeiro (por casamento). Permanece com a família Delon, com Jean-Hubert Delon no comando.

O Château Léoville Las Cases ficou com 60% da área original e talvez com a parte mais importante dos vinhedos, o Clos Léoville Las Cases, com 60 hectares em um único bloco, entre a D2 e o estuário do rio Gironde, na fronteira com Pauillac e vizinho do Château Latour. Atualmente tem 50 hectares em uso, com 65% de Cabernet Sauvignon, 18% de Merlot e 17% de Cabernet Franc, com vinhas de idade média de 30 a 40 anos. Tem diminuído a proporção de Merlot nos vinhedos e na composição do blend do *grand vin*. Tem ainda mais 38 hectares de vinhedos, a maioria no vinhedo Clos du Marquis, localizado próximo à antiga residência do marquês de Las Cases.

Em 1902, a família Delon decidiu utilizar para o *grand vin* apenas as uvas provenientes do vinhedo Clos Léoville Las Cases; resolveram fazer outro vinho, o Clos du Marquis (que não é classificado), com as uvas desse vinhedo. É interessante notar que não se trata de um segundo vinho, algo atualmente muito comum, mas sim de outro vinho produzido na mesma vinícola, mas que expressa as características de outro *terroir*. Uma visão bem moderna para o início do século XX. Após um programa de replantio de vinhas no vinhedo principal foi criado, em 2007, o segundo vinho do Château Léoville Las Cases, o Petit Lion du Marquis de Las Cases, que utiliza as uvas provenientes das vinhas mais jovens.

Michel Delon, pai de Jean Hubert e responsável pelo salto de qualidade do vinho nas décadas de 1980 e 1990, era radical na busca pela finesse e qualidade do *grand vin*; chegou a desclassificar 50% da colheita na fantástica safra de 1986 (coincidentemente safra com 100 pontos de Parker) e 67% na de 1990!

É muito tradicional na vinificação; o atual chefe de adega, Bruno Rolland (sem parentesco com o famoso enólogo Michel) é a terceira geração de sua família na mesma função. Mas também adere às modernidades: utiliza desde 1987 a técnica de osmose reversa, na qual extrai o excesso de água do mosto e ajuda a melhorar a concentração do vinho. Embora controversa, hoje essa técnica é utilizada pela maioria das vinícolas.

O *grand vin* envelhece por cerca de 20 meses em barricas francesas 80% novas, de diferentes toneleiros.

Está construindo uma nova vinícola entre o vinhedo e o rio, com modernas instalações para fazer todo o processo de vinificação por gravidade. Seu diretor técnico é Michel Georges e o consultor é Eric Boissenot.

Por discordar de sua classificação como segundo cru, pois acha que produz vinhos no mesmo nível dos primeiros, saiu em 1988 do *Conseil des Grands Crus Classés*, entidade que representa os vinhos classificados e organiza eventos e degustações pelo mundo. É o único vinho classificado a não fazer parte da associação. Mas como essa classificação é uma lei na França (alterada pela última vez em 1973) que provavelmente não será revista, a demanda de ser *premier cru* provavelmente não acontecerá.

E por ser uma lei, mesmo que o Château quisesse (não acredito que o faria), também não poderia renunciar à classificação.

Na opinião de muitos críticos, a promoção do Château para *Premier Grand Cru Classé* seria merecida. Parker diz no seu guia de vinhos de Bordeaux que "é um dos poucos vinhos que pode ser comprado cegamente todos os anos" e que produz em muitas safras "vinhos profundos como alguns dos *premiers crus*", e quase nunca dá uma nota inferior a 90 para seus vinhos.

O mercado também considera essa demanda com algum fundamento, visto que o vinho é um dos líderes em preço do grupo dos "super segundos", vinhos com preço intermediário entre os *premiers* e os demais segundo crus. Desse grupo, fazem parte alguns outros segundos, como Cos D'Estournel, Montrose e os dois Pichons e alguns não segundos crus, como Palmer, La Mission e Lynch-Bages.

Eu já provei quase todas as safras das décadas de 1980 e 1990 e me surpreende a constância da qualidade do vinho, mesmo em safras menores. 1983, 1988, 1991, 1994, 1997 e 1999 são alguns exemplos. Para as safras mais antigas a conservação e proveniência da garrafa são fundamentais; uma vez provei lado a lado 2 garrafas diferentes do 1961, e uma estava excelente e a outra apenas boa. Nas safras ótimas, como 1982 e 1990, ele é fantástico; o 1986 deve ser guardado, acho que ainda não atingiu o seu ápice. Nas oportunidades em que o provei, mesmo com decantação prévia ainda estava fechado. De todos, acho que os vinhos 1989 e 1995 estão no auge e os 1985 e 1996 talvez sejam os melhores, não só para mim, mas na opinião de Michel Georges, diretor técnico do Château. O 1985 consistentemente ganha em degustações às cegas e, para mim, é um dos melhores exemplos do que se espera de um grande Bordeaux.

Considero esse vinho a melhor compra de Bordeaux, pois tem regularmente qualidade de *Premier Grand Cru Classé*, por 30-40% do preço na média.

Château Léoville-Poyferré

Um segundo cru de Saint-Julien tem sua origem no século XVII, quando era conhecido como "Mont-Moytié", propriedade da família Moytié. No século XVIII, passou para as mãos de Alexandre de Gasc, que o renomeou como Léoville e o transformou no maior vinhedo do Médoc na época, com 120 hectares. Ele introduziu modernas técnicas de vinificação para a época, com a inclusão de diferentes variedades de uvas e a construção de uma nova adega. Seus quatro herdeiros mantiveram os vinhedos unidos, mas quando um deles, o marquês de Las Cases, seguiu com a família Bourbon para o exílio, em 1793, sua parte no vinhedo foi tomada pelo governo e, após algumas vendas, foi adquirida pela família irlandesa Barton, dando origem ao Château Léoville Barton. As outras duas partes se mantiveram com a família e foram divididas, em 1840. A parte que coube a Pierre Jean de Las Cases originou o Château Léoville Las Cases, e a de sua irmã Jeanne, que era casada com o barão Poyferré, originou o Château Léoville-Poyferré.

O barão manteve o vinhedo até 1865, mas após um período de dificuldades o vendeu para as famílias Lalande e Erlanger, que o mantiveram até 1920, quando uma parte do Château foi comprada pela família Cuvelier, sua atual proprietária. Embora donos de outras vinícolas e *négociants*, os Cuvelier não participavam diretamente da administração da vinícola.

Foi a partir de 1979 que um membro da família, Didier Cuvelier, assumiu a administração da vinícola. Formado em contabilidade, Didier resolveu estudar enologia com o prof. Émile Peynaud, que chamou para ser consultor da vinícola, cargo posteriormente assumido por Michel Rolland em 1994.

Por ter tido sua área dividida com o vizinho Léoville Las Cases por uma linha imaginária no século XIX, alguns prédios e o estacionamento ainda são compartilhados. Nessa divisão, o Poyferré ficou sem um Château propriamente dito. Como não era um bom marketing não ter um, em 1920, Paul Cuvelier criou um Château imaginário para aparecer no rótulo, que acabou se tornando a logomarca da vinícola.

Em 2014, Didier terminou a construção do Château exatamente como seu tio-avô Paul havia imaginado quase 100 anos antes. Outro detalhe curioso dessa divisão é que a sala de barricas e a sala dos tanques de vinificação ficam cada uma de um lado da rodovia D2; a solução encontrada foi criar um sistema subterrâneo de bombeamento do vinho, abaixo da famosa "Route des Châteaux". Antes disso, os tanques de inox eram levados manualmente, com o auxílio de tratores, para o outro lado da rodovia.

Ao assumir a direção da vinícola, que estava fazendo vinhos de qualidade bem inferior à dos vizinhos Barton e Las Cases, Didier resolveu fazer um programa de modificações que incluiu reforma das salas de vinificação e barricas, aumento da área dos vinhedos (de 42 para 80 hectares) e um programa de replantio das vinhas que durou 19 anos.

Atualmente, conta com 65% de Cabernet Sauvignon, 25% de Merlot, 8% de Petit Verdot e 2% de Cabernet Franc, vinificadas a partir de 2010 por parcela. Foi uma das primeiras a adotar a máquina de seleção óptica. Envelhece seus vinhos por 18 a 20 meses em barricas 100% francesas de vários fornecedores.

Faz um segundo vinho, Pavillon de Léoville Poyferré, com as uvas não selecionadas para o *grand vin*. Faz também o Château Moulin Riche, de um vinhedo em Saint-Julien, com 21 hectares não classificados.

Seu estilo difere dos outros Léovilles por ser mais elegante (embora tenha Rolland como consultor). Alguns críticos dizem que o Poyferré tem um estilo mais Saint-Julien, enquanto o Las Cases se parece mais com os vinhos de Pauillac, por ser mais tânico e poderoso, e o Barton tem um estilo entre os dois.

Das safras mais antigas, o 1982 é um excelente vinho para se beber hoje e os 1986 e 1990 são também boas opções. Das atuais, o 2009 recebeu 100 pontos de Parker; 2000, 2003, 2005 e 2010 também são excelentes opções para guarda.

Sem dúvida, nos últimos anos, esse vinho retomou o prestígio e a qualidade que esperamos de um segundo cru. Por não ter seus preços ainda tão altos (exceto o 2009 pelos 100 pontos), é uma ótima opção de compra.

Na sala de degustação do Château, há uma *wall of fame*, uma parede em que algumas estrelas e críticos famosos podem deixar suas mensagens. Outra curiosidade é que a parceria com Michel Rolland evoluiu para a Argentina, onde os Cuvelier têm sua vinícola Cuvelier de los Andes como parte do projeto "Clos de los Siete", de Rolland.

Château Montrose

Este segundo cru de Saint-Estèphe fica às margens do rio Garone, formando um leve monte. Antigamente, quando os navios que transportavam o vinho passavam por ele, os marinheiros admiravam sua vegetação, que na época da floração ficava rosa e, por isso, começou a ser chamado de "Montrose" (Monte Rosa).

O marquês de Ségur, proprietário de vários vinhedos na época (Latour, Lafite, Mouton, entre outros), tornou-se também proprietário do Château Calon, em Saint-Estèphe. A família Dumoulin comprou o Château Calon no final século XVIII, e Theodore Dumoulin reconheceu que a área sob a vegetação rosa tinha um bom potencial para vinhos; separou-a do Château Calon (vendido em 1824), construiu um Château próprio, plantou vinhas e assim nascia o Montrose.

No final do século XIX, passou para as mãos da família Dollfus, da Alsácia, responsável por várias inovações técnicas e por vários grupos financeiros até ser adquirida pela família Charmolue, que ficou com o Château por mais de um século e reconstruiu os vinhedos devastados pela Segunda Guerra Mundial.

Foi comprado pelos irmãos Martin e Olivier Bouygues, do conglomerado Bouygues, classificados na posição número 234 da lista dos mais ricos do mundo da revista *Forbes*. Martin provou um Montrose 1989 em um jantar, se apaixonou pelo vinho e desde então prometeu que se um dia o Château fosse colocado à venda o compraria, o que aconteceu em 2006.

Desde então, passou por uma grande renovação que durou sete anos e três aspectos foram enfatizados: os vinhedos, as instalações e a sustentabilidade. O objetivo de seus proprietários é torná-lo "uma vitrine de novas tecnologias e de desenvolvimento sustentável".

Com 95 hectares de vinhedos em um único bloco, completados após a compra de 22 hectares do vizinho Phélan Ségur em 2010, faz um rodízio deixando apenas 89 produzindo vinhos como uma forma de descansar uma parte do vinhedo. Além disso, está trabalhando na conversão do vinhedo para orgânico. Já em 2016, os primeiros 15 hectares de vinhedos orgânicos foram colhidos e há planos de que, dentro de 5 anos, 100% do Château esteja nesta forma.

Seu objetivo é se tornar "o mais verde possível". Investiu em tecnologias, como edificações com baixo consumo de energia em um sistema de refrigeração a partir de água subterrânea geotérmica (bombeada a 15 graus e devolvida entre 7 graus no inverno e 27 graus no verão), em aquecimento com painéis solares (tem 3.000 metros quadrados de painéis) e em reutilização de água e aproveitamento da água da chuva. Sem contar que sua sala de barricas é uma das mais belas de Bordeaux.

Além disso, os irmãos Bouygues estão também investindo em pessoas: entre 2006 e 2011, o Château teve como diretor Jean-Bernard Delmas, que por anos foi diretor da Domaine Clarence Dillon (Haut-Brion e La Mission Haut-Brion), sucedido, em 2012, por Hervé Berland, que trabalhou por 35 anos e foi diretor do Château Mouton Rothschild.

Outra curiosidade é que para a colheita contrata há 40 anos 60 pessoas da Andaluzia (Espanha), que ficam hospedadas em acomodações no Château por cinco semanas. Geralmente, são as mesmas pessoas e os seus familiares, pois são especializados em vários tipos de colheita, como uvas e olivas, passando o ano viajando para colher.

Produz cerca de 200 mil garrafas por ano do *grand vin*, que tem em média 60% de Cabernet Sauvignon, 30% de Merlot, 8% de Cabernet Franc e 2% de Petit Verdot. A vinificação, inicialmente, é feita em parcelas, e, em novembro, começam as provas para o *blend*, finalizado em janeiro, quando é colocado em barricas 100% francesas e 60% novas, por um período entre 16 e 18 meses.

Faz, desde 1986, um segundo vinho, La Dame de Montrose, que recebe as uvas não aproveitadas no *grand vin* e que envelhece por 12 meses em barricas francesas 30% novas, além de uma produção média de 150 mil garrafas ao ano.

Esse é um dos melhores vinhos de Bordeaux nas safras boas, e também uma aposta segura nas safras menos celebradas. O 1990 figura na seleção de mitos de Bordeaux, e quem der sorte de pegar uma garrafa pronta provará um dos melhores vinhos da história. Atualmente, as safras 1982 e 1986 estão no auge, enquanto 2000 ainda está fechada. Provei uma taça de um vinho de 1959 no Château, que havia sido aberto no jantar do dia anterior e estava surpreendentemente inteiro (o que faz pensar sobre a diferença entre as garrafas que nunca saíram dos Châteaux e as que circulam pelo mercado), assim como o 1976, provado em 2016, que ainda estava quase inteiro. Das safras atuais, as 2000 e 2005 são apostas garantidas, assim como todas a partir de 2009. Sua faixa de preço o coloca no grupo dos "super segundos", em um patamar bem próximo do vizinho e rival Cos D'Estournel.

Château Pichon-Longueville Baron

Fundado, em 1686, pelo comerciante Pierre de Rauzan, foi entregue como dote de casamento de sua filha Thérèse com o presidente do parlamento de Bordeaux, Jacques François de Pichon-Longueville, em 1694, e permaneceu com a família por várias gerações. Um de seus principais proprietários, o barão Joseph Pichon-Longueville, viveu na propriedade dos 19 aos 90 anos. Escapou da Revolução Francesa (após passar algumas semanas na prisão) ao abdicar temporariamente de seu título de nobreza e se transformar em um simples "fazendeiro de Pauillac". Ao morrer em 1850, deixou 3/5 do vinhedo para suas três filhas (parte essa assumida pela baronesa de Lalande, que deram origem ao Pichon Lalande) e os outros 2/5 e as instalações para a vinificação aos seus dois filhos, que deram origem ao Château Pichon Baron.

Em 1851, barão Raoul resolveu construir o Château, um dos mais marcantes e fotografados de todo o Médoc, voltado para a D2, e atualmente com sua impressionante piscina ornamental que reflete a imagem do Château. Ficou com a família até 1933, que foi obrigada a vendê-lo após a Crise de 1929. Passou por vários proprietários e por um período de decadência até os anos 1980; a colheita era feita por máquinas, as quantidades de produção eram enormes e o cuidado com o vinhedo não era dos melhores.

Em 1987, a seguradora francesa AXA, proprietária de várias outras vinícolas na França e em outros países da Europa (entre as quais o Château Suduiraut, em Sauternes), comprou a vinícola. Primeiro sob a direção de Jean-Michel Cazes, do Château Lynch-Bages, e desde 2000 com Christian Seely. Ocorreu uma verdadeira revolução na vinícola: as instalações foram reformadas e modernizadas; a produção foi diminuída à custa de uma seleção mais restrita de uvas que deveriam ir para o *grand vin*; e a colheita totalmente manual (como muitas vinícolas de Bordeaux, os colhedores vêm da Andaluzia, na Espanha).

Atualmente, possui 73 hectares de vinhedos, com 65% de Cabernet Sauvignon, 30% de Merlot, 3% de Cabernet Franc e 2% de Petit Verdot com idade média de 35 anos. Mas, para o *grand vin*, só utiliza as uvas provenientes de um vinhedo de 40 hectares, com as vinhas mais antigas e localizado em um *plateau* diretamente oposto ao Château Latour. Pratica agricultura orgânica, mas não busca nenhum tipo de certificação. São produzidas cerca de 12.500 caixas do *grand vin*, com cerca de 80% de Cabernet Sauvignon e 20% de Merlot, que envelhece por 18 meses em barricas francesas 80% novas e produz cerca de 11 mil caixas do segundo vinho, que hoje tem dois nomes, Les Griffons de Pichon Baron e Les Tourelles de Longueville, cujas uvas vêm das parcelas mais novas do vinhedo.

A partir de 2012, introduziu outro segundo vinho, o Les Griffons de Pichon Baron: suas uvas vêm das mesmas parcelas do *grand vin*, envelhece por 18 meses em barricas francesas 60% novas, mas tem uma composição equilibrada de Cabernet Sauvignon e Merlot, com 60% da primeira e 40% da segunda uva, o que o faz poder ser bebido mais cedo.

Outra inovação: a partir de 2012, foi introduzido um sistema de segurança capaz de garantir a autenticidade e a procedência de cada garrafa. Um código de 12 dígitos foi colocado no contrarrótulo e outro na cápsula; no *site* do Château existe uma área onde o consumidor digita um desses códigos e tem acesso à autenticação da garrafa e a seu histórico.

Recentemente, reformou sua adega, que não tem nenhuma coluna ou pilar, algo bem incomum. O arquiteto responsável pelo projeto, Alain Triaud (irmão de Jean Louis Triaud, dono dos Châteaux Saint-Pierre e Gloria), fez um teto de concreto armado com vigas escondidas em todo o seu comprimento, semelhante ao que se faz em uma ponte.

Tem uma das melhores estruturas de visitas e, como tem um *chef* contratado no Château, consegue organizar almoços e jantares para acompanhar a degustação de várias safras antigas, onde serve tambem vinhos de outras vinícolas do portfólio da AXA, como o porto da Quinta do Noval, em Portugal.

Seu preço atual o coloca como um dos membros do clube dos "super segundos"; safras a partir de 1988 são bem interessantes, principalmente 1982, 1985, 1989, 1990, 1995 e 1996. Algumas como 2000, 2005, 2009 e 2010 merecem uma guarda prolongada, enquanto 2001, 2002, 2004, 2006 e 2007 já podem ser bebidas. Das antigas, a melhor experiência que tive foi com uma garrafa de 1967, que estava surpreendentemente inteira. Mas, em razão do histórico da vinícola, recomendo cuidado com as safras anteriores a 1987.

Château Pichon Longueville Comtesse de Lalande

Fundado em 1686 pelo comerciante Pierre de Rauzan, foi entregue como dote pelo casamento de sua filha Thérèse com Jacques François de Pichon-Longueville, presidente do parlamento de Bordeaux. A propriedade permaneceu com a mesma família por 250 anos. Um dos principais nomes dessa família foi o barão Joseph Pichon-Longueville, que herdou a propriedade aos 19 anos e ficou nela até sua morte aos 90 anos, em 1850. Antes de morrer, decidiu dividir a propriedade entre seus cinco filhos: os dois homens ficaram com 2 quintos do vinhedo e com a vinícola e as três filhas ficaram com 3 quintos do vinhedo. Virginie, casada com o conde de Lalande (e, portanto, condessa de Lalande), assumiu a frente do Château, comprou a participação de suas irmãs e construiu a nova vinícola, separando completamente a sua operação da dos seus irmãos. Daí surgiriam os dois Châteaux Pichon Baron e o Comtesse de Lalande, ambos classificados como segundo crus em 1855.

O Château Pichon Lalande ficou com a família até 1925, quando, após dificuldades financeiras, foi vendido aos irmãos Edouard e Louis Miailhe e, em 1978, foi passado à filha de Edouard, May Elaine de Lencquesaigne (carinhosamente apelidada de La Générale por seus pares), que administrou o Château por 30 anos. Ela melhorou e modernizou as instalações, construindo uma nova sala de barricas e uma nova sala de degustação (com uma espetacular vista de seu vizinho Latour) e trabalhou na divulgação de seu vinho pelo mundo. Em 2007, por não ter herdeiros interessados na continuidade da vinícola, resolveu vendê-la à Maison Roederer, famosa produtora de *champagne*, proprietária do Château desde então.

Localiza-se em Pauillac, na D2, bem em frente ao Pichon Baron. Possui em suas salas uma coleção de louças antigas; atualmente, no Château, não mora ninguém. Há uma vinícola nova, onde todo o trabalho é feito por gravidade. Seus vinhedos estão em parcelas separadas, indo até próximo ao rio e à fronteira com Saint-Julien, na parte sul de Pauillac.

Em seus 83 hectares de vinhedos há: 61% de Cabernet Sauvignon, 32% de Merlot, 4% de Cabernet Franc e 3% de Petit Verdot, com vinhas de 20 anos em média, e densidade de 9 mil plantas/hectare.

Faz o *grand vin*, que envelhece 16 meses em barricas francesas 60% novas, e, desde 1973, o segundo vinho, Resérve de la Comtesse, para o qual vão as uvas não selecionadas para o *grand vin*, que envelhece 12 meses em barricas francesas 20% novas. Geralmente, produz 180 mil garrafas ao ano do *grand vin* e 150 mil do segundo vinho.

Sem dúvida, é uma das melhores opções de Bordeaux. Nas grandes safras é capaz de bater os *Premiers Grands Crus Classés*; o 1982, por exemplo, continua fantástico e é um dos grandes Bordeaux de todos os tempos. O 1967 ainda está vivo, e os 1988 e 1990 estão no auge também. Recentemente, provei ainda o 1989, que estava um pouco abaixo do que se esperaria dessa grande safra. As safras 1995, 1996 e 1999 estão no auge; a partir de 2000 talvez ainda seja necessário aguardar um pouco mais. Considero esse um dos principais vinhos de Bordeaux, e pode ser comprado praticamente em todas as safras.

Château Rauzan-Gassies

Suas origens datam do século XVI, quando a área era propriedade da família Gassies. Em 1661, Pierre de Rauzan, então proprietário de outras vinícolas, comprou-a e mudou seu nome para Château Rauzan. Em 1763, essa área foi dividida; um dos herdeiros possuía o título de Lorde de Gassies, e sua parte passou a se chamar Château Rauzan-Gassies, enquanto a de sua irmã Catherine de Rauzan, casada com o barão de Ségla, ficou com o nome Château Rauzan-Ségla, que na divisão herdou o Château propriamente dito. Ambos foram classificados como segundo crus em 1855.

Passou por algumas famílias até ser adquirido, em 1946, por Paul Quié, *négociant* e então proprietário de dois outros Châteaux: o quinto cru Croizet-Bages, em Pauillac, adquirido em 1942, e o cru bourgeois Château Bel Orme Tronquoy de Lalande, adquirido em 1936. Nessa ocasião, pouco após a crise de 1929, as propriedades em Bordeaux estavam com o preço muito baixo, por isso, pelo mesmo valor pago pelo Château Bel Orme Paul, poderia ter comprado o Château Pichon Baron; porém, como iria morar no Château, sua esposa achou o Baron muito grande, o que daria muito trabalho para cuidar, e assim acabaram não comprando esse mítico segundo cru.

Possui 28 hectares espalhados pela denominação Margaux, com 58% de Cabernet Sauvignon, 40% de Merlot, e 2% de Petit Verdot. A idade média das vinhas é de 35 anos, e faz vinificação separada por parcelas durante o processo, e após isso decide o que vai para o *grand vin*, e o que vai para o segundo vinho. Tem ainda o L'Orme de Ruazan Gassies, produzido a partir de um vinhedo na apelação Haut-Médoc.

O *grand vin* envelhece entre 12 e 15 meses em barricas 95% francesas e 5% americanas de nove fornecedores, 50% novas; tem produção anual média de 90 mil garrafas. O segundo vinho, Gassies, feito desde 2009, tem produção anual média de 20 mil garrafas e envelhece 12 meses em barricas 50% de primeiro ano e 50% de segundo ano.

Embora seja classificado como um segundo cru, Rauzan-Gassies tem menos prestígio que seu vizinho mais famoso e preço médio de um quarto cru. A terceira geração da família Quié está agora no comando da vinícola, tentando investir para melhorar a qualidade do vinho. Jean-Philippe Quié, neto de Paul, é o diretor técnico e Eric Boissenot, o consultor.

Nunca provei nada muito antigo deste Château. As safras atuais têm a elegância que se espera de um Margaux, com uma boa promessa de evoluir na garrafa.

Château Rauzan-Ségla

Seu primeiro registro foi em 1661, quando Pierre de Rauzan, proprietário do Château Margaux, comprou essas terras da família Gassies e mudou seu nome para Château Rauzan. Após sua morte, em 1692, seus herdeiros cuidaram da propriedade até 1763, quando um deles recebeu o título de Lorde de Gassies e sua parte passou a se chamar Château Rauzan-Gassies. Já sua irmã, Catherine de Rauzan, casada com o barão de Ségla, ficou com o Château Rauzan-Ségla, que na divisão herdou o castelo propriamente dito.

Em 1790, o ex-embaixador americano da França e, na época, Secretário de Estado americano, Thomas Jefferson, famoso apreciador de vinhos de Bordeaux, escreveu uma carta para a Madame de Rauzan elogiando seu vinho e encomendando 10 caixas para seu consumo pessoal. Isso de certa forma era um indicativo da boa qualidade do vinho, pois Jefferson fez um ranking pessoal das vinícolas bordalesas – uma espécie de *preview* da classificação de 1855 – na qual o Château foi classificado como segundo cru.

Em 1866, a vinícola é vendida pela família Ségla para o empresário Eugene Duran Dassier, que moderniza suas instalações; em 1903, seu genro, Fréderic Cruse, passa a administrar o Château, que na época possuía 35 hectares de vinhedos. Ele construiu o atual Château, em substituição ao anterior destruído em um incêndio. Seus herdeiros permaneceram com a propriedade até 1956, quando ela foi vendida para Philippe de Meslon, que introduziu modernidades à época, como o trabalho mecânico nos vinhedos.

O Château passa por um período meio desfavorável, sem muitos cuidados e investimentos até 1983 – quando os proprietários contratam o prof. Émile Peynaud para ser seu consultor e as instalações são modernizadas, como a construção de uma nova adega. Em 1994, é adquirido pelos irmãos Alain e Gerard Wertheimer, netos do fundador da grife Chanel, Pierre Wertheimer, e donos do conglomerado que controla o grupo. Na época, os irmãos queriam comprar o Château Latour, mas perderam a compra para François Pinault; porém contrataram o escocês John Kolasa, à época seu diretor comercial, para renovar e melhorar a imagem do Rauzan-Ségla.

Inicia-se um programa de melhorias nos vinhedos, atualmente com 52 hectares, dos quais 62% tem Cabernet Sauvignon, 36% Merlot, e 2% Petit Verdot. Novas instalações foram construídas, desenhadas pelo arquiteto Peter Marino (o mesmo da loja Dior, em Nova Iorque, e do prédio da Chanel, em Tóquio), com uma moderna sala de vinificação com tanques em tamanhos variados para se vinificar por parcelas. Além disso, tem duas adegas separadas para envelhecimento, uma para o primeiro e outra para o segundo ano. Em 2012, incorporou o vinhedo "Boston", com oito hectares, e totalmente biodinâmico. O curioso é que esse vinhedo foi abandonado, em 1939, pelo Château Palmer, supostamente por sua baixa qualidade, e foi replantado com Cabernet Sauvignon e passou a ser biodinâmico a partir de 2003. Suas uvas se juntarão ao *blend* do *grand vin* talvez a partir de 2020.

Do *grand vin* produz em média 12 mil caixas ao ano, que envelhece por 18 a 20 meses em barricas francesas de 50-60% novas; faz um segundo vinho, o Ségla, cuja produção varia de 10 a 12 mil caixas ao ano e que não é vendido no tradicional sistema *en primeur*, pois é lançado apenas quando está pronto.

Com a compra pela Chanel, em 1994, o escocês John Kolasa saiu do Château Latour e assumiu como diretor técnico do Château (e também da outra propriedade da Chanel, o Château Canon, em Saint-Émilion). Ele iniciou um programa de modernização da vinícola com foco na melhora da qualidade: acabou com a colheita por máquinas e aumentou a produção do segundo vinho, melhorando a qualidade do *grand vin*. A partir da safra de 2000, como reflexo dessas medidas, o Rauzan-Ségla voltou a ter status compatível com um segundo cru. Kolasa se aposentou em 2015, sendo substituído por Nicolas Audebert, ex-Cheval des Andes.

Em 2009, como comemoração dos 350 anos da vinícola, seu rótulo foi redesenhado por Karl Lagerfeld, que causou reações diversas, e realmente é bem diferente dos rótulos tradicionais do Château.

As safras mais novas, como 2000, 2005, 2009 e 2010, certamente envelhecerão muito bem e são apostas seguras para o futuro; das mais antigas que provei, as 1983 (excelente em Margaux), 1990 e 1996 estão muito boas.

Terceiros Crus

Château Boyd-Cantenac

Localizado na comuna de Cantenac, em Margaux, este terceiro cru recebeu seu nome após ter sido comprado em 1754 por Jacques Boyd, de uma família de comerciantes escoceses. Em 1806, foi vendido para o também escocês John Lewis Brown, proprietário de outros Châteaux, como o vizinho Cantenac Brown. Ele era casado com uma mulher da família Boyd, por isso manteve o nome.

Esse Château passou por vários proprietários, entre eles a família Ginestet (famosos *négociants*), que com a Crise de 1929 foram obrigados a vender uma parte da propriedade, incluindo as adegas, ao seu vizinho Château Margaux; por isso o vinho foi feito por alguns anos no Château Lascombes. Em 1932, venderam o Boyd-Cantenac para seus atuais proprietários, a família Guillemet, também donos do Château Pouget. Até o momento, eles não têm um Château próprio, e os vinhos são feitos no vizinho Pouget, com uma estrutura um tanto quanto precária se comparada à de seus vizinhos.

Atualmente, com 17 hectares de vinhedos, sob o comando de Lucien Guillemet, tem 60% de Cabernet Sauvignon, 25% de Merlot, 8% de Cabernet Franc e 7% de Petit Verdot, com vinhas de, em média, 40 anos de idade. Lucien Guillemet trabalha diretamente no vinhedo; diz que, mesmo antes da "moda" da agricultura orgânica, sempre acreditou na menor intervenção e no uso moderado de aditivos químicos para o vinhedo manter seu equilíbrio biológico e o solo, sua biodiversidade.

Vinificam por parcelas e depois definem o que vai para o *grand vin* e o que vai para o segundo vinho, frequentemente as uvas provenientes das vinhas mais novas. Utilizam barricas francesas geralmente 100% novas, em que o vinho envelhece por 12 a 24 meses, de acordo com as condições da safra. O segundo vinho recebe três rótulos diferentes, dependendo de onde for comercializado: Jacques Boyd (homenagem ao primeiro proprietário), Josephine de Boyd-Cantenac e La Croix de Boyd-Cantenac.

Nunca provei nada excepcional dessa vinícola, mas nas boas safras é um vinho que oferece algum prazer.

Château Calon Ségur

A história deste terceiro cru, o Château mais ao Norte entre os classificados em 1855, data da era Romana, quando a comuna de Saint-Estèphe era conhecida por "Calones", nome dos pequenos barcos de transporte que cruzavam o estuário do rio Gironde. Registros de produção de vinho nesta área datam do século XII.

No século XVII, foi adquirido por Nicolas-Alexandre, o marquês de Ségur, que deu o atual nome da propriedade. Ele era proprietário na época de vários vinhedos, como Lafite, Latour e Mouton. Sua frase "Eu produzo vinho no Lafite e no Latour, mas meu coração está no Calon" foi imortalizada com a presença de um coração no rótulo do vinho.

Entre 1894 e 2012, o Château pertenceu à família Gasqueton. Segundo Parker, na primeira metade do século XX, o Château produziu vinhos com qualidade capaz de rivalizar com os *premiers* crus e, desde 1982, nas melhores safras, pôde desafiar seus vizinhos mais famosos Cos D'Estournel e Montrose.

A excêntrica proprietária, a madame Denise Gasqueton, vivia no Château e não achava importante ter um website e também mandava embora compradores e jornalistas com os quais não ia com a cara. Seus herdeiros venderam o Château, em 2012, para a companhia Suravenir, subsidiária do grupo bancário Crédit Mutuel Arkéa, por 170 milhões de euros. Desde então, um amplo processo de renovação da vinícola está em curso, com replantio de parcelas de Cabernet Sauvignon, construção de novas salas de barricas e de degustação, além de modernização técnica. Toda essa reforma, com custo estimado em 20 milhões de euros, foi concluída em 2017.

Com 55 hectares de vinhedos em um bloco único e circundado por um muro de pedras, é um dos raros Châteaux a manter exatamente o mesmo vinhedo de 1855. Faz um revezamento de áreas plantadas, tendo geralmente apenas 45 hectares plantados com vinhas por vez. De dez hectares, cinco têm videiras jovens que levam cerca de três anos para amadurecer e começar a produzir uvas para os vinhos, e outros cinco têm uma "mistura mágica" de gramas e mudas, utilizadas para agir como um pesticida natural e limpar e rejuvenescer o solo.

Na década de 1960, Philippe Gasqueton, seu então proprietário, decidiu aumentar a proporção de Merlot para mais de 50% nos vinhedos, o que talvez tenha tornado os vinhos um pouco menos intensos do que poderiam ter sido entre 1980 e 2000.

Em 2006, madame Gasqueton contratou para ser diretor técnico Vincent Millet, que havia trabalhado no Château Margaux. Seu primeiro objetivo foi aumentar a proporção de Cabernet Sauvignon, atingindo 53%. Tem ainda 38% de Merlot, 7% de Cabernet Franc e 2% de Petit Verdot. Seu objetivo é ter sempre pelo menos 80% de Cabernet Sauvignon no *blend* final do *grand vin* (em 2009, chegou a ter 90%). Seleciona as melhores parcelas para o *grand vin*, que envelhece por 18 a 22 meses em barricas francesas 100% novas e com produção média de 80 mil garrafas/ano. Faz cerca de 120 mil garrafas de um segundo vinho, o Marquis de Calon (este sem o coração no rótulo), que recebe as uvas não selecionadas para o *grand vin* (e que, geralmente, tem uma proporção maior de Merlot). Ele envelhece por 18 meses em barricas francesas 30% novas.

Tem um estilo tânico, o que faz com que as melhores safras exijam um longo envelhecimento na garrafa para ser mais bem apreciado, com um grande potencial de guarda. O 1985 ainda está no seu auge, e o 2000 já pode começar a ser apreciado. É um vinho que hoje ainda tem um preço bem razoável, o que o torna uma das melhores compras de Bordeaux.

Leonardo Liporone Baruki

Château Cantenac Brown

No começo do século XIX, o escocês John Lewis Brown comprou vinhedos na comuna de Cantenac, em Margaux, e desenhou um castelo com arquitetura no estilo Tudor, único em Bordeaux, para se lembrar de suas origens.

Seu neto, também John Lewis Brown, famoso pintor de quadros de guerra e com imagens de animais e que recebeu a "Legião de Honra" do governo francês, passou parte de sua infância na vinícola.

Pertenceu também a um banqueiro, quando foi classificado, em 1855, como terceiro cru, às famílias Lawton e Du Vivier, à Remy Martin (produtora de *cognac*) e à seguradora francesa AXA Millesime, dona de várias outras vinícolas em Bordeaux. Quando assumiu o Château, a AXA colocou Jean-Michel Cazes (do Lynch-Bages) e seu time como responsáveis técnicos.

Em 2006 foi comprado pelo empresário sírio do ramo imobiliário Simon Halabi, que no auge de sua fortuna chegou a ter 3 bilhões de libras e ser o décimo-quarto mais rico da Inglaterra. Ele tinha planos de transformar o Château, que tem mais de 50 quartos, em um hotel de luxo, plano suspenso após declarar falência na Inglaterra em 2010. Em 2019 o Chateau foi comprado pela família francesa Le Lous, proprietária da Urgo, empresa do ramo de saúde.

José Sanfins, francês de origem portuguesa e que trabalha há mais de 25 anos na vinícola, foi mantido como seu diretor técnico. Sanfins replantou algumas vinhas e introduziu uma agricultura mais sustentável, diminuindo o uso de aditivos químicos e priorizando os naturais, embora não almeje selos de certificação de agricultura orgânica ou biodinâmica.

Possui 60,5 hectares de vinhedos na apelação Margaux, com 65% de Cabernet Sauvignon, 30% de Merlot e 5% de Cabernet Franc. Vinifica em 28 tanques separados e, depois da fermentação, define o que vai para o *grand vin* e o que vai para o segundo vinho. O *grand vin* envelhece de 12 a 15 meses em barricas francesas 70% novas.

Desde 2001 faz um segundo vinho, o Brio de Cantenac Brown, e desde 2011 produz um branco, o Alto de Cantenac Brown, com uvas 90% Sauvignon Blanc e 10% Sémillon, provenientes de um vinhedo de 1,8 hectare. Este envelhece por 12 meses em barricas francesas 100% novas. Produz ainda o Sijac de Cantenac Brown, com uvas dos 3,5 hectares de vinhedos do Château fora da AOC Margaux.

As safras 2009 e 2010 apresentaram uma grande melhora na qualidade desse vinho; safras como 2000 e 2005 estão em um bom momento agora; e as safras 1982, 1983 e 1990, de garrafas bem conservadas, também estão no auge.

Château Desmirail

Fundado, em 1661, por Jean Desmirail, membro do parlamento de Bordeaux, que recebeu essas terras após se casar com uma mulher da família Rauzan, proprietária de muitos vinhedos na época. Seus herdeiros ficaram com a vinícola até um pouco antes de 1855, quando foi classificado como terceiro cru. Nessa época, pertencia ao gerente do Château Margaux, Monsieur Sipière.

Depois teve vários proprietários, incluindo Robert de Mendelssohn, sobrinho do famoso compositor, e a família Zuger, proprietária de outros *Grands Crus Classés*.

Um pouco antes do início da Segunda Guerra Mundial, os Zuger venderam os vinhedos e a marca Desmirail para os proprietários do Château Palmer, enquanto o belo Château passou para o Château Marquis D'Alesme Becker, então propriedade dos Zuger. Com isso, os Desmirail mantiveram a adega e as instalações para fazer vinho (que datam do século XIX), mas construíram uma nova área (com arquitetura do século XVIII) para acomodar os escritórios, receber visitas e organizar jantares.

No período em que pertenceu aos donos do Palmer, o Desmirail serviu como uma espécie de "segundo vinho" (embora o conceito ainda não existisse como atualmente). Por exemplo, em 1963, a safra não foi considerada à altura de receber o rótulo do Palmer, ainda mais depois de 1959 e 1961, talvez os dois maiores Palmer da história. Por isso não houve produção de Château Palmer nesse ano e as uvas de seus vinhedos foram vinificadas sob o rótulo do Desmirail.

Em 1980, o Château foi comprado por Lucien Lurton, um dos nomes mais importantes do vinho de Bordeaux e com um grande portfólio de vinícolas. Ao decidir se aposentar, em 1992, Lucien (que atualmente mora no Château Brane-Cantenac) deixou o Desmirail para seu filho Denis, advogado de formação.

Denis investiu em reformas nas instalações, com a construção de uma nova sala de fermentação, em que pôde vinificar por parcela seus 30 hectares de vinhedos, com 70% de Cabernet Sauvignon, 29% de Merlot e 1% de Petit Verdot. Utiliza tanques de madeira para as vinhas mais antigas e de inox para as mais novas. Faz o *blend* e decide o que vai para o *grand vin* e o que vai para o segundo vinho, já em novembro. Os vinhos envelhecem em barricas francesas 40% novas por um período entre 12 e 18 meses. O segundo vinho tem dois nomes: Château Fontarney, quando vendido na França, e Initial de Desmirail, quando exportado. Tem uma produção total de cerca de 50 mil garrafas por ano.

Contava com a consultoria do lendário Jacques Boissenot, discípulo do prof. Émile Peynaud, falecido em setembro de 2014. Atualmente, quem assumiu seu lugar foi Eric, filho de Jacques, e um dos mais famosos consultores da nova geração. Há várias opções de visitas, podendo inclusive organizar almoços.

Apesar dos esforços, esse vinho nunca empolgou muito a crítica especializada, e seus preços hoje não o classificariam mais como *Grand Cru Classé* em uma hipotética (e improvável) reclassificação de 1855. A melhor experiência que tive com um Desmirail antigo foi com 1996, que atualmente está no auge.

Château D'Issan

A primeira referência ao que viria a ser este terceiro cru de Margaux vem de 1152, quando o vinho produzido no então chamado La Mothe--Cantenac foi servido no casamento de Eleanor d'Aquitaine com Henry Plantagenet, o futuro rei Henry II, da Inglaterra, o que talvez justifique seu lema: "Regum mensis aris que deorum" ou "para a mesa dos reis e o altar dos deuses".

Nos anos 1400, o vinho era conhecido como Teobon e a partir de 1575 passou a ser propriedade da família Essenault, que construiu o Château e o renomeou D'Issan (uma variação do sobrenome da família). Permaneceu na família por cinco gerações. Na época da Revolução Francesa, pertencia à família Foix de Candalie, mas o Château foi confiscado e leiloado. Antes, em 1787, o Château foi incluído na famosa seleção de vinhos feita pelo então embaixador americano Thomas Jefferson.

Teve vários outros proprietários, com destaque para Jean-Baptiste Duluc, que fez melhorias nos vinhedos, e Gustave Roy, que fez uma adega por gravidade e replantou os vinhedos pós-*Phylloxera*, em 1866. Depois desse período, e principalmente entre as duas guerras mundiais, o Château ficou um pouco abandonado.

Em 1945, foi comprado por Emmanuel Cruse, de uma família de origem dinamarquesa, estabelecida em Bordeaux desde 1815, e ligada ao mundo do vinho. Além de uma empresa de *négociants*, fechada em 1978 após um escândalo em que foram acusados de misturar uvas de outras regiões aos seus vinhos de Bordeaux, foi proprietário de várias vinícolas, entre as quais o Château Pontet-Canet. Nessa época, apenas três hectares dos vinhedos do D'Issan produziam vinho, então foi iniciado um programa de replantio e de melhorias nas instalações. Em 1994, Jacques Boissenot foi contratado como consultor e criou um segundo vinho, o Blason D'Issan.

Desde 1998, Emmanuel Cruse, neto do comprador do Château, está no comando. Emmanuel implantou melhorias como uma seleção mais estrita de uvas, aumentando a proporção do que vai para o segundo vinho, o Blasson D'Issan, que em algumas safras chega a receber 50% da produção do Château; fez um programa de replantio e de drenagem dos vinhedos; construiu uma nova sala de barricas; aumentou a proporção de barricas novas francesas, chegando a 50% para o *grand vin*, com investimentos totalizando US$ 20 milhões; e fez ainda uma nova sala de vinificação, com 37 cubas para vinificar por parcelas. Em 2011, comprou máquinas como o *scanner* óptico, para selecionar as melhores uvas, e dois canhões antigranizo, depois de perder uma parte da produção por dois anos seguidos pelas fortes chuvas.

Em 2009, tentou comprar o Château Pédesclaux, mas perdeu para o empresário do ramo imobiliário e dono de um time de rúgbi Jack Lorenzetti, que, então, o chamou para ser consultor da vinícola recém-adquirida. Daí surgiu uma boa parceria, tanto que, em 2013, quando o primo de Emmanuel quis vender seus 50% da vinícola, Jack os comprou, o que deu uma nova injeção de dinheiro e investimentos ao Château.

A propriedade tem 120 hectares, com 59 de vinhedos – destes, 44 estão sob a apelação Margaux, 5 sob a apelação Haut-Médoc e 10 sob a Bordeaux Supérieur.

Em 2007, 10 hectares dos vinhedos Haut-Médoc foram reclassificados pelo INAO (*Institut National des Appellations d'Origine* – Instituto Nacional de Apelações de Origem, em português) e passaram para a apelação Margaux, com isso, suas uvas podem ser utilizadas no Château D'Issan.

Seus vinhedos têm 62% de Cabernet Sauvignon e 38% de Merlot. O percentual de cada uva no *grand vin* depende da safra, tendo como extremos 2002 com 78/22 e 2009 com 60/40 de proporção entre Cabernet e Merlot. O *grand vin* envelhece 18 meses em barricas francesas até 50% novas e tem uma produção anual média de 100 mil garrafas.

O segundo vinho tem geralmente uma proporção maior de Merlot, envelhece por 14 meses em barricas francesas até 35% novas e produz em média 70 mil garrafas/ano.

O vinho do Château D'Issan tem a elegância que se espera de um Margaux. Esse é um vinho que envelhece bem, mas no geral pode ser bebido um pouco mais cedo que a média. Safras antigas, como 1982, 1983 e 1990, ainda estão no auge em garrafas muito bem conservadas. Os ótimos 2000 e 2005 já podem ser apreciados, embora ainda tenham um bom potencial de guarda, e safras como 2001, 2004 e 2006 já estão no auge. Outras, como 2009 e 2010, ainda precisam de algum tempo na garrafa.

Todas as melhorias e investimentos realizados no Château nos últimos anos melhoraram muito sua qualidade, mas ainda não se refletiram nos preços. O site Liv-ex, uma espécie de bolsa de valores dos vinhos, faz anualmente uma reclassificação desses com base no seu preço atual – lembrando que em 1855 o critério foi o preço.

Em 2015, o vinho ficou na trigésima quarta posição, o que o colocaria como um quarto cru, por isso o considero uma excelente compra, tanto os das safras que já podem ser bebidas quanto para os de guarda.

Château Ferrière

Fundado em Margaux, no século XVIII, pela família Ferrière, foi classificado como terceiro cru em 1855. Em 1914, foi vendido para Armand Feuillerat, proprietário na época do Château Marquis de Terme. Após a Segunda Guerra Mundial, teve seus vinhedos alugados para Alexis Lichine, sócio dos Châteaux Prieuré-Lichine e Lascombes. Como não tinha um Château nem instalações para fazer seu vinho, Lichine produzia o Ferrière em suas outras propriedades.

Em 1988, a família Villards alugou os vinhedos, mas apenas em 1992 adquiriram a vinícola – atualmente administrada por Claire Villars-Lurton, esposa de Gonzague Lurton. Neste período, iniciou um projeto de renovação total da vinícola, terminado em 2013. Possui modernidades como vinificação por gravidade, pequenos tanques de concreto com controle de temperatura para fermentação e uma nova sala de degustação. Está convertendo sua produção para biodinâmica, já tendo recebido em 2015 o selo de agricultura orgânica.

Com 10 hectares de vinhedos no *plateau* de Margaux e Eric Boissenot como consultor, é o menor *Grand Cru Classé* de Bordeaux; tem 80% de Cabernet Sauvignon, 15% de Merlot e 5% de Petit Verdot.

Possui duas adegas para envelhecimento, uma para o primeiro ano e uma para o segundo. O *grand vin* envelhece geralmente por 18 meses, em barricas 40% novas. O segundo vinho, Les Remparts de Ferrière, com uvas provenientes das vinhas mais novas, tem 70% de Cabernet Sauvignon e 30% de Merlot, envelhece 12 meses em barricas de um ou dois anos e é vendido exclusivamente pela empresa de *négociants* Ginestet.

Cerca de 90% de sua pequena produção é vendida *en primeur*, o que ajuda o fluxo de caixa da vinícola. Seu preço atual de venda o colocaria como um quinto cru em uma hipotética e nova (e improvável) classificação.

Talvez no futuro seu vinho consiga refletir a elegância que se espera de um Margaux; até o momento nunca provei nada empolgante desse Château.

O Château La Gurgue, outra propriedade da família, é feito nas instalações do Ferrière. Em 2014, Claire e seu marido Gonzague compraram uma vinícola na Califórnia, a Acaibo. É o único local onde trabalham em parceria.

Château Giscours

Sua história data de 1330, quando era uma área fortificada, mas os primeiros registros de vinhas são de 1552, quando o proprietário Pierre de Lhome comprou a área chamada "Guyscoutz" e resolveu iniciar a produção vinícola. Antes da Revolução Francesa pertencia à família Saint-Simon, mas foi confiscada e vendida a dois banqueiros de Boston.

Após passar por vários proprietários, foi adquirida, em 1845, pelo conde de Luxemburgo Jean-Pierre de Pescatore. Ele contratou para ser diretor-geral o engenheiro polonês Pierre Skawinski; nos 50 anos que Skawinski comandou a propriedade, ele se tornou um dos mais respeitados enólogos de Bordeaux. Criou um tipo de arado que leva seu nome e existe até hoje; fez algumas das mais importantes pesquisas em defensivos agrícolas e construiu as primeiras instalações para vinificação com o auxílio da gravidade, hoje muito na moda, mas revolucionário para o século XIX. Certamente, graças a seu trabalho, o Château foi classificado como terceiro cru em 1855. De Pescatore vendeu a vinícola para a família Cruse, e Stawinski foi mantido como diretor. Os Cruse ficaram donos do Château até 1913. Após essa época, no período das duas grandes guerras mundiais, o Château ficou praticamente abandonado.

Em 1954, quando a família Tari o adquiriu, havia apenas 10 hectares em condições de dar uvas. Nicolas Tari trabalhou na recuperação dos vinhedos e das instalações. Como curiosidade, foi, em 1976, um dos jurados do famoso "Julgamento de Paris", degustação às cegas que iniciou a fama dos vinhos californianos. Vendeu a propriedade, em 1995, para o holandês Eric Albada Jelgersma, que fez fortuna no ramo de supermercados, e após um acidente viveu em uma cadeira de rodas e morou na Suíça até falecer em 2018. Em 2021, seus herdeiros venderam o Château du Terte, igualmente em Margaux, para manter o foco total no Giscours e na Caiarossa, vinícola na Toscana.

Em 1998, o Château passou por um de seus piores momentos, pois foi acusado por um antigo funcionário de misturar vinho da apelação "Haut-Médoc" para fazer o segundo vinho, La Sirene de Giscours, da apelação Margaux. O diretor da vinícola, na época Jean Michel Fernandez, justificou dizendo que "todos faziam isso".

O atual diretor, o holandês Alexander van Beek, foi passar um período de descanso pós-MBA no Château para participar da colheita antes de começar a trabalhar em um banco. Apaixonou-se pelo trabalho nos vinhedos, estudou e se tornou diretor-geral após o incidente de 1998. Implementou várias mudanças, como replantio de vinhas, e voltou a fazer toda a colheita manual.

Atualmente, com 400 hectares, possui 63 na apelação Haut-Médoc, onde produz o Haut-Médoc de Giscours. Dos 102 hectares de produção de vinho na AOC Margaux, tem 70% de Cabernet Sauvignon, 24% de Merlot, 3% de Cabernet Franc e 3% de Petit Verdot. Antigamente, mais de 50% das vinhas eram de Merlot; esse aumento de Cabernet Sauvignon visa aumentar a longevidade do vinho, segundo o Château. Uma parte do vinhedo é biodinâmica e foi a primeira vinícola a utilizar máquina de seleção óptica. Possui 43 áreas identificadas que são vinificadas separadamente, então se define o que vai para o *grand vin* e o que vai para o segundo vinho. O *grand vin* envelhece por 18 meses em barricas francesas 50% novas.

As safras a partir de 2000 são bem recomendas; 2009 e 2010 receberam muitos elogios da crítica. Não recomendo as safras mais antigas.

Mais uma curiosidade: no restante de sua área há um clube de *cricket* e um *bed and breakfast* com três quartos localizados no antigo estábulo.

Château Kirwan

Este terceiro cru de Margaux tem seu primeiro registro em 1710, quando foi comprado por *sir* John Collingwood. Sua filha, casada com Mark Kirwan, herdou a vinícola e mudou seu nome para Château Kirwan.

Um de seus herdeiros, Camille Godard, foi prefeito de Bordeaux e, em 1880, doou o Château para a prefeitura, que o manteve até 1925. Nesse período, a prefeitura propôs uma parceria com a empresa de *négociants* Schorder & Schyler para que gerenciassem a vinícola, vendendo-a para eles em 1925.

A empresa se estabeleceu em Bordeaux, no século XVIII, fundada por duas famílias de origem alemã. Atualmente, é administrada pela família Schyler e, além de ter o Château Kirwan, se mantém como um dos principais *négociants* de Bordeaux.

Foi uma das vinícolas visitadas por Thomas Jefferson, então embaixador americano na França, em sua famosa viagem à Bordeaux em 1787. Apesar de ter gostado dos vinhos do Château, eles não fizeram parte da sua encomenda de algumas garrafas (24 caixas de Haut-Brion, 250 garrafas de Lafite e algumas mais de Yquem) para sua adega pessoal.

Tem 35 hectares de vinhedos, mesmo tamanho de 1855. Destes, 45% com Cabernet Sauvignon, 30% de Merlot, 15% de Cabernet Franc e 10% de Petit Verdot, proporção um pouco mais alta que a média dos *Grands Crus Classés*. Segundo o Château, no *blend* do *grand vin* a proporção de Petit Verdot geralmente chega a 16%.

Iniciou o uso de pequenos tanques de concreto em formato de ovo para vinificar, e, em 2014, começou uma reforma na adega. Está fazendo algumas experiências orgânicas e biodinâmicas, mas não pretende ter nenhuma certificação.

Desde 1993, faz um segundo vinho, o Les Charmes de Kirwan. Vinifica separando as 46 parcelas diferentes do seu vinhedo e, três meses após a fermentação, faz o *blend* e separa o que vai para cada vinho. Envelhece o *grand vin* em barricas francesas de 40% a 60% novas, de seis toneleiros diferentes, por 18 meses, em barricas francesas 20% novas por 12 meses para o segundo vinho, cujo objetivo é ser mais frutado e fácil de beber. O 2009, por exemplo, tem 53% de Merlot.

Desde 1991, teve Michel Rolland como consultor, mas atualmente tem Eric Boissenot nessa posição. Seu diretor técnico é, desde 2007, Philippe Delfaut, antigo diretor técnico do Château Palmer. Para ele, 2010 é a melhor safra produzida por ele no Château, pois é um reflexo do *terroir* e expressa toda a elegância de Margaux; já 2009, segundo Delfaut, é um reflexo do clima (perfeito), o que torna todos os vinhos do Médoc meio parecidos. Das safras mais antigas, ele prefere 1999 e 1983, que considera melhores para os vinhos de Margaux que as famosas safras 1982 e 2000.

O Château conta com uma boa estrutura de visitas e de enoturismo; sua sala de degustação é bem agradável e, com agendamento prévio, é possível organizar jantares e degustação de safras antigas.

Eu, particularmente, nunca provei nada excepcional do Château Kirwan; as safras mais novas talvez tenham um bom potencial de envelhecimento, mas não recomendaria nada das antigas que provei.

Château La Lagune

Este terceiro cru do Haut-Médoc é o vinho mais ao sul da classificação de 1855, e um dos cinco classificados nessa região. É o primeiro *Grand Cru Classé* a ser visto pela estrada D2, a "rota dos Châteaux", e fica a menos de 15 km do centro de Bordeaux.

Começou a receber plantação de uvas no século XVI, mas foi após a construção do Château no século XVIII, projetado por Victor Louis, o mesmo arquiteto do Grand-Téâtre de Bordeaux, que começou a realmente produzir vinho. Era propriedade da família De Sèze na época da classificação. Após as duas guerras mundiais, seus vinhedos estavam praticamente abandonados. Em 1956, George Brunette comprou o Château e praticamente replantou todos os vinhedos e restaurou as instalações técnicas; porém, em razão dos altos gastos com as reformas, foi obrigado a vender a propriedade, em 1962, para a família Ducellier, dona do Champagne Ayala. Uma curiosidade: em 1964, foi o primeiro *Grand Cru Classé* a ser comandado por uma mulher, Jeanne Boyrie.

Em 2000, os Ducellier vendem suas vinícolas para a família Frey, acionistas minoritários da casa de champagne Billecart-Salmon. Os Frey também são proprietários da lendária vinícola do Rhone, Paul Jaboulet Aîné e, em 2014, compraram ainda uma vinícola na Côte de Beaune, na Borgonha. Iniciaram um maciço programa de modernização da vinícola e replantio de vinhas; em 2013, compraram 8,9 hectares de vinhedos do vizinho Château D'Arche, vinhedos que faziam parte do La Lagune em 1855.

Atualmente, com 89 hectares de vinhedos, possui 60% de Cabernet Sauvignon, 30% de Merlot e 10% de Petit Verdot. Fermenta separadamente em 72 tanques de inox, um por parcela, e tem uma característica um pouco rara na região: decide o que vai para cada vinho e faz o *blend* antes de envelhecer em barricas. Está trabalhando para se tornar biodinâmico, mas ainda não tem o certificado.

Faz três vinhos: o *grand vin*, que envelhece em barricas 100% francesas de diferentes toneleiros, 50% novas, por 18 meses; o segundo vinho, Moulin La Lagune, costuma ter um percentual um pouco maior de Merlot e envelhece por 12 meses em barricas 30% novas; e desde 2004 um terceiro vinho, algo cada vez mais comum em Bordeaux, o Mademoiselle L, que foi criado para ser aberto jovem, de dois a três anos após ser engarrafado, para ser servido em restaurantes em taça e tentar capturar o consumidor jovem.

Teve um auge na sua qualidade entre 1982 e 1990. Após 1990, não obteve muito sucesso, o qual só retornou em 2005 com essa safra e com 2009 e 2010. Talvez isso seja um reflexo das melhorias implementadas pelos novos proprietários. É um vinho que por não ser muito conhecido tem um preço bem razoável pela sua qualidade, sendo uma excelente compra nas safras boas. O 1982, que ainda está no auge, custa em torno de 120 euros na Europa, o que é uma "barganha" para *Grands Crus Classés* dessa safra, talvez a melhor de todos os tempos. Provei o 1990 mais de 20 vezes. Além de estar no auge, é um vinho que, assim como o 1982, pode surpreender se colocado às cegas com outros bem mais caros e famosos.

Château Lagrange

A primeira citação a esse terceiro cru de Saint-Julien é de 1631, quando aparece como Maison Noble de Lagrange Monteil. No século XVIII, foi adquirido pelo barão de Brane, também proprietário do Brane Mouton; nessa época, os vinhos eram vendidos sob o rótulo de Baron Saint-Julien. Depois teve como proprietário John Lewis Brown, do Cantenac Brown.

Em 1840, para sanear as finanças, o proprietário à época vendeu 123 dos 280 hectares da propriedade. Passou a ter o nome atual a partir de 1842, quando foi adquirido pelo Conde Duchâtel, que implementou algumas melhorias na vinícola, como um sistema de drenagem dos vinhedos. Ele permaneceu com a vinícola até 1874.

Nos anos seguintes, pertenceu a vários proprietários diferentes, até que, em 1925, foi vendido para a família Cendoya. Mas as dificuldades financeiras permaneceram e o vinhedo continuou a ser mutilado. Em 1970, venderam 32 hectares para o Château Ducru-Beaucaillou, e em alguns momentos outras parcelas foram vendidas para a Domaine Henri Martin, também proprietária do Château Saint-Pierre, mas para serem adicionados ao (bom) cru Bourgeois do Château Gloria. Em 1983, a família vendeu a propriedade para a gigante produtora de bebidas japonesa Suntory. E uma nova fase começou na vinícola.

Iniciou-se um programa de replantio das vinhas, onde a área de vinhedos plantados aumentou de 48, em 1983, para os atuais 118 (dos 180 hectares da propriedade). As instalações para vinificação foram reformadas na década de 1980 e novamente em 2013. Em 1985, foi introduzido um segundo vinho.

Atualmente, conta com 67% de Cabernet Sauvignon, 28% de Merlot e 5% de Petit Verdot; utiliza ainda 7,5 hectares para produzir, desde 2006, um vinho branco, o Les Arumes de Lagrange, cujo vinhedo tem 60% de Sauvignon Blanc, 20% de Sauvignon Gris e 20% de Sémillon. Em quatro hectares (antes eram oito), utiliza técnicas biodinâmicas para teste.

Vinifica em 92 tanques de inox, um para cada parcela do vinhedo. Geralmente, 40% da produção vai para o *grand vin*, que envelhece por cerca de 20 meses em barricas francesas 60% novas, e 60% da produção vai para o segundo vinho, o Les Fiefs de Lagrange, que envelhece por 14 meses em barricas francesas 20% novas.

O Château utiliza sete fornecedores de barricas. Faz ainda, a partir de 18 hectares adquiridos na apelação Haut-Médoc, outro vinho, o Haut--Médoc de Lagrange. Seu consultor é Eric Boissenot.

Safras anteriores à de 1990 ainda refletem um período de má condição geral da vinícola; a partir daí, grandes safras como 1990, 1996 e 2000 são boas opções. As atuais são boas opções de compra para uma guarda de médio prazo, visto que o preço ainda continua razoável.

Château Langoa Barton

A história da família Barton em Bordeaux começa em 1722, quando o irlandês Thomas Barton foi enviado a trabalho para a França. Interessou-se por vinhos e fundou a empresa Barton & Guestier, que ainda existe.

Como a lei francesa na época dizia que todo o cidadão estrangeiro ao morrer deixava seus bens para a coroa francesa, ele nunca comprou vinhedos, apenas trabalhou com a venda de vinhos. Seu neto Hugh assumiu os negócios da família, mas teve de se exilar na Inglaterra por causa da Revolução Francesa. Mesmo de lá continuou com os negócios e, quando retornou à França, adquiriu, em 1821, o que daria origem ao Château Langoa Barton, e, em 1826, o que seria o Château Léoville Barton.

Hugh morreu em 1854, e as três gerações seguintes administraram os negócios a distância, morando na Irlanda. Apenas em 1924 outro Barton, Ronald, se interessou pelos vinhedos e foi morar em Bordeaux. Começou a implementar mudanças nos vinhedos, mas, em 1940, teve de lutar na Segunda Guerra Mundial; serviu na Inglaterra e no Oriente Médio. Retornou a Bordeaux apenas em 1945, onde encontrou os vinhedos em péssimo estado. Trabalhou na sua recuperação e viveu no Château até sua morte em 1986. Como não teve filhos, doou as vinícolas para seu sobrinho Anthony Barton. Nascido na Irlanda, mudou-se para Bordeaux em 1951. Acompanhava o tio nas vinícolas, mas trabalhava como diretor de exportação da Barton & Guestier até criar sua própria empresa: a "Les vins fins Anthony Barton", em 1967. Tornou-se responsável pelas vinícolas apenas em 1983 e uma das figuras mais importantes do Médoc nos últimos anos; foi escolhido "Man of the Year" pela revista inglesa *Decanter*, em 2007. Atualmente, sua filha Lilian Barton-Sartorius cuida das vinícolas. Antony faleceu em 2022.

Classificado como terceiro cru, em 1855, possui 17 hectares de vinhedos com 57% de Cabernet Sauvignon, 34% de Merlot e 9% de Cabernet Franc, com vinhas de 40 anos na média. Vinifica por parcelas, então separa o que vai para o *grand vin* e o que vai para o segundo vinho, o Lady Langoa. Envelhece o *grand vin* em barricas francesas de 50-70% novas por 16 a

18 meses. Como o Léoville Barton não tem Château, ambos os vinhos são feitos no Langoa. Seu enólogo é Eric Boissenot.

É considerado uma espécie de "irmão menor" do Léoville Barton e custa cerca de 60% do preço dele. Nas boas safras, faz um bom vinho, mas na média o Léoville Barton faz um vinho melhor. Uma curiosidade é que o Château do Langoa Barton, onde a família mora, aparece no rótulo do Léoville Barton.

Château Malescot St-Exupéry

Este terceiro cru de Margaux tem o primeiro registro de sua conturbada história no século XVII, quando era propriedade da família Escousses. Em 1697, foi vendido para Simon Malescot, advogado-geral do Rei Luís XIV. Como era comum na época, mudou o nome do Château para Malescot. Após a Revolução Francesa, foi dividido entre três famílias e passou por vários proprietários até que, em 1825, foi comprado pelo Conde de St-Exupéry, que adicionou seu nome ao do Château. Com sua morte, em 1853, sua esposa vendeu a propriedade para a família Fourcade, banqueiros que investiram nos vinhedos e adquiriram áreas vizinhas. Mas, em 1866, a vinícola foi vendida novamente para um grupo de proprietários, dos quais o sr. Boissac era o principal. Foi ele que liderou a construção do Château e introduziu modernas técnicas para a época, como o uso de gravidade na vinícola.

Em 1900, o Château foi a leilão, arrematado por uma empresa alemã. Com a Primeira Guerra Mundial, o governo francês confiscou a propriedade, que pertenceu a algumas outras famílias e foi praticamente abandonada até ser comprada, em 1955, pela família Zuger, seus atuais proprietários. Na época, apenas sete hectares estavam plantados. A família fez um programa de revitalização e replantio dos vinhedos que durou cerca de 30 anos.

Desde a década de 1990, começou a produzir vinhos compatíveis com a sua classificação de terceiro cru. Atualmente, tem 28 hectares de vinhedos, com 50% de Cabernet Sauvignon, 35% de Merlot, 10% de Cabernet Franc e 5% de Petit Verdot, com vinhas de 35 anos de idade em média.

Envelhece seus vinhos em barricas francesas de 80-100% novas, por 14 a 16 meses. Sob o comando de Jean-Luc Zuger e com a consultoria de Michel Rolland, produz cerca de 120 mil garrafas ao ano do *grand vin* e 60 mil do segundo vinho, o La Dame de Malescot, com uvas de parcelas desclassificadas na composição do *grand vin*.

As safras de 2000, 2005, 2009 e 2010 receberam notas altíssimas de Parker. Pessoalmente, acho que esses vinhos são mais compatíveis com o estilo Michel Rolland, ou seja, concentrados, escuros, maduros, pesados e com excesso de fruta (mesmo considerando que ainda são jovens), do que com a elegância característica de Margaux. Talvez essa impressão possa mudar após mais alguns anos de guarda. Para quem gosta de vinhos com estilo "novo mundo" é uma opção interessante, mas para mim não reflete a tipicidade de Bordeaux.

Château Marquis D'Alesme

Este terceiro cru de Margaux é um dos mais obscuros *Grands Crus Classés*. Sua história iniciou-se em 1585, quando os vinhedos pertenciam a uma família da aristocracia bordalesa da época, a do marquês D'Alesme. Passaram por vários proprietários até que, em 1810, foram vendidos a um comerciante holandês de vinhos, Jean Becker, que adicionou seu sobrenome ao nome da vinícola.

Ainda no século XIX foi comprado pelo conde Jean-Jules Théophile Chaix-d'Est-Ange, também proprietário do Château Lascombes; ele queria unificar as vinícolas, mas morreu antes de fazê-lo.

Com o tempo e as aquisições e vendas, o Château do Marquis D'Alesme virou a sede dos escritórios do Lascombes, e o Château do Desmirail ficou com o Marquis D'Alesme.

Em 1938, foi comprado pela família alsaciana Zuger, que na sequência se desfez dos vinhedos do Château Desmirail (vendido para o Château Palmer), mas ficou o Château propriamente dito, incorporando-o ao Marquis D'Alesme. Os Zuger ficaram com a vinícola até 2006, quando foi vendida à família Perrodo. Após a morte de Hubert Perrodo, em um acidente de esqui, a propriedade passou a ser administrada por sua filha, Natalie Perrodo.

Atualmente, está passando por renovações, feitas pelo arquiteto Fabien Pedalaborde, que devem acabar em 2017. Seus vinhedos, com 15 hectares, têm 63% de Cabernet Sauvignon, 30% de Merlot, 5% de Petit Verdot e 2% de Cabernet Franc, com idade média de 40 anos. Produz cerca de 60 mil garrafas/ano do *grand vin*, que envelhece por 18 meses em barricas francesas 70% novas, e cerca de 12 mil garrafas/ano do segundo vinho, Marquise D'Alesme, produzido desde 1988. Tem como consultor Michel Rolland; a nova administração achou mais interessante do ponto de vista comercial encurtar o nome e retirar o Becker do rótulo.

Essa é uma vinícola para se prestar atenção às safras futuras; do que foi produzido até o momento não há nada digno de nota.

Château Palmer

Classificado como terceiro cru em 1855, o Château Palmer é um dos hoje chamados "super segundos". Seu nome vem do general inglês Charles Palmer, que comprou o Château, em 1814, da madame de Gasc, viúva do antigo proprietário (na época Château de Gasc). O general fez de tudo para promover seu vinho na Inglaterra, mas nos anos 1840 faliu e foi obrigado a se desfazer do Château, que permaneceu com seu nome.

Se, regionalmente, seu grande rival é o Margaux – rivalizando e até o superando em muitas safras como 1961, 1983 e 1989 –, historicamente seus grandes rivais eram as vinícolas da família Rothschild. Os irmãos de origem judaico-portuguesa Émile e Isaac Péreire começaram a carreira no banco da família Rothschild, tiveram enorme sucesso em várias áreas de atuação, como ferrovias, mercado de ações e mercado imobiliário, e se tornaram banqueiros, acabando de certa forma a concorrer com a família Rothschild nos negócios. Em 1853, os irmãos compraram o Château Palmer; ter um Château no Médoc já era visto como um sinal de grande prestígio. Dias antes o barão Nathaniel de Rothschild comprou o Château Brane-Mouton (futuro Mouton Rothschild) e, alguns anos depois, James de Rothschild comprou o Lafite.

Após alguns anos, contrataram o arquiteto Charles Burget, famoso por ter projetado o Museu de Belas Artes de Bordeaux e o Château Pichon Baron (com o qual o Palmer guarda muitas semelhanças), para construir o Château – sem dúvida um dos mais belos do Médoc, mas que nunca foi habitado.

A belíssima construção foi projetada de uma forma que quem vem de Pauillac (sede das principais vinícolas da família Rothschild) pela rodovia D2 obrigatoriamente se defronta com toda sua imponente arquitetura, provavelmente uma provocação e demonstração de riqueza aos rivais do mercado financeiro.

A família Péreire permaneceu proprietária do Château até 1937, quando impactados pela crise financeira de 1929 tiveram de vendê-lo. Quatro famílias tradicionais de Bordeaux, Sichel (de origem holandesa),

Mahler-Besse (de origem inglesa), Ginestet e Mihaile, se uniram para comprar o Château, que atualmente está nas mãos das duas primeiras. Por este motivo, o Château tem três bandeiras: da França, da Holanda e do Reino Unido.

Os 55 hectares de vinhedos do Château Palmer encontram-se quase todos em um *plateau* de cascalho, na comuna de Cantenac, e próximos ao rio. As vinhas têm idade média de 35 anos e densidade de plantação de 10 mil vinhas por hectare. Tem uma incomum igualdade entre Merlot e Cabernet Sauvignon, cada uma com 47% dos vinhedos, tendo ainda 6% de Petit Verdot. Em 2017 foi certificado como orgânico e biodinâmico.

Seleciona as uvas para o *grand vin*, do qual produz cerca de 150 mil garrafas/ano, e para o segundo vinho, Alter Ego, cerca de 100 mil garrafas/ano, que geralmente recebe as uvas dos vinhedos mais jovens. Possui duas adegas, uma para cada ano de envelhecimento, que geralmente dura 20 meses, no qual se utilizam 50-60% de barricas 100% francesas novas de seis diferentes produtores para o *grand vin* e 25-40% para o segundo vinho.

Em 2004, começou a produzir um vinho que homenagearia o tipo de vinho produzido no século XIX, quando varietais do Rhone, principalmente a Syrah, eram adicionadas. Surgiu o Palmer "Historical XIXth Century Blend", renomeado depois para "Historical XIXth Century Wine". Leva 85% das uvas produzidas no Château, com proporções iguais de Cabernet Sauvignon e Merlot, e 15% de Syrah do Rhone. Foi produzido em 2004, 2006, 2007, 2010 e 2013, cerca de 100 caixas ao ano. Por questões legais, o rótulo não diz "Bordeaux" e nem tem a marca do Château (visto que todas as uvas não vêm de lá). É vendido como *vin de France* e, por isso, não tem safra, apenas uma inscrição na parte inferior do rótulo que indica o ano em que as uvas foram produzidas (L20.04, por exemplo, para 2004).

Desde 2007, faz também 100 caixas ao ano de um vinho branco seco, o Vin Blanc de Palmer, com Muscadelle, Loset e Sauvignon Gris e ainda um branco doce experimental com 100% de Merlot Blanc.

Apesar de ter sido classificado em 1855 como terceiro cru, o Palmer é hoje um dos líderes em preço do chamado grupo dos "super segundos", vinhos cujo preço está situado entre os *premiers* e a média dos segundos crus. Em algumas safras específicas, como as de 1961 e 1983, seu preço supera inclusive alguns *premiers*, e, de acordo com alguns críticos, esse Château seria um forte candidato a ser promovido a *Premier Grand Cru Classé* em uma hipotética (e improvável) revisão da classificação.

É um dos meus vinhos favoritos de Bordeaux, sem dúvida. Mas não o acho um vinho regular. Nas melhores safras, ele é perfeito, como os de 1983 e 1989. Em outras, como as de 1982 e 1990, ele é excelente. Mas em safras consideradas não tão especiais, como 1981, 1988, 1994 e 1997, ele pode decepcionar um pouco. A partir de 2000, todas as safras que provei ainda merecem uma guarda maior.

Quartos
Crus

Château Beychevelle

Este quarto cru da região de Saint-Julien tem seu Château, pela arquitetura clássica e pelos jardins, apelidado de "Versailles do Médoc". E, sem dúvida, tem uma das mais bonitas vistas do rio Gironde. Segundo a lenda, quando a propriedade pertencia ao Duque de Epernon, Jean Louis Nogaret de la Valette, os navios ao navegarem próximos ao Château abaixavam suas velas em sinal de respeito. E o nome Beychevelle deriva de baixar as velas (*baisse voile*) em francês.

Seu rótulo tem um barco a vela com a cabeça de um grifo em sua proa – segundo a mitologia grega, o grifo era o guardião da taça de Dionísio. Esses fatos contribuem para o sucesso desse vinho no mercado chinês.

Desde 2011, é metade francesa, da cervejaria Castel, e metade japonesa, da Suntory (proprietária também do vizinho Lagrange). O Château está construindo uma nova vinícola ao custo de 16 milhões de euros, que deve entrar em funcionamento em 2017.

Atualmente com 90 hectares de vinhedos, sendo 78 na apelação Saint-Julien, tem 62% de sua área com Cabernet Sauvignon, 31% com Merlot, 5% de Cabernet Franc e 2% de Petit Verdot e Cabernet Franc. Sua média de rendimento é de 55 hl/hectare, embora tenha tido apenas 27 na difícil safra de 2013. Utiliza 50% de barrica nova, por um período de 16 a 18 meses. Embora a composição do *grand vin* varie de acordo com a safra, a clássica é 52% de Cabernet Sauvignon, 40% de Merlot, 5% de Cabernet Franc e 3% de Petit Verdot. Produz, em média, 20 mil caixas do *grand vin* ao ano.

Faz o segundo vinho, Amiral de Beychevelle, que recebe as uvas dos vinhedos mais novos, cuja produção média é de 15 mil caixas/ano. Com as uvas provenientes dos 12 hectares na apelação Haut-Médoc, produz o Les Brulières de Beychevelle.

É um vinho que, embora não esteja classificado entre os melhores Saint-Julien, tem como atrativo o preço razoável, e em boas safras mostra o seu potencial. Safras antigas como 1982, 1986 e 1990 ainda estão no auge (em garrafas bem conservadas) e podem ser uma boa oportunidade de provar um Bordeaux envelhecido por um preço razoável. Das novas, 2000, 2005, 2009 e 2010 são boas opções.

Leonardo Liporone Baruki

Château Branaire-Ducru

Sua história iniciou em 1680, quando fazia parte do Château Beychevelle. Após a morte de seu proprietário e afundados em dívidas, os herdeiros dividiram as terras em várias partes; daí surgiu o que seria no futuro o Branaire-Ducru.

Seu primeiro proprietário foi Jean-Baptiste Braneyre, que usou seu sobrenome para batizar o vinhedo posteriormente como Branaire. Marie de Braneyre casou-se com Pierre de Luc, que mudou o nome do vinhedo para Branaire Duluc. E assim foi por quase 200 anos, até que por herança o Château passou, em 1875, para Gustave Ducru, que definiu o atual nome do Château. Este foi classificado como quarto cru em 1855.

Passou por vários proprietários até que, em 1988, foi comprado por Patrick Maroteaux, que fez fortuna trabalhando em bancos de investimento e com açúcar, mas um completo *outsider* em Bordeaux e no mundo do vinho. Ele achou que comprar o Château seria um bom negócio, pois para ele o preço estava bem abaixo do real valor, mesmo levando em conta as melhorias que teria de fazer. Em um primeiro momento, dividiu-se entre a vinícola e a empresa de açúcar, mas depois decidiu focar totalmente no Château, inclusive se mudando para lá. Entrosou-se tão bem que se tornou o presidente da *Union des Grand Crus de Bordeaux* entre 2001 e 2008.

Além de melhorar os vinhedos, introduziu a vinificação por gravidade, reduziu os rendimentos e comprou mais dez hectares. Em 1991, contratou o jovem Philippe Dhalluin, que foi seu diretor técnico até 2002, quando foi trabalhar no Mouton Rothschild. Atualmente, o diretor técnico é Jean-Dominique Videau e o consultor, Eric Boissenot. Resume sua filosofia como a busca pelo "triplo F": fruta, frescor e finesse.

Com 59 hectares de vinhedos, tem 65% de Cabernet Sauvignon, 28% de Merlot, 4% de Cabernet Franc e 3% de Petit Verdot, com idade média de 35 anos e densidade entre 6.700 e 10 mil vinhas por hectare. Não deseja certificação orgânica, mas pratica uma "agricultura sustentável". Em janeiro de 2021 iniciou uma reforma para ter 75 tanques de inox para vinificar por parcelas, e totalmente por gravidade. O *grand vin* envelhece de 16 a 20 meses em barricas francesas 65% novas de oito fornecedores. Faz, desde 1988, um segundo vinho, o Duluc de Branaire-Ducru, que geralmente recebe as uvas das vinhas com menos de 15 anos. Em algumas safras pode ainda desclassificar parte das uvas caso não atinjam a qualidade necessária, e não tem planos para ter um terceiro vinho. Usa as instalações da vinícola para produzir o Haut-Médoc de Branaire-Ducru, com uvas provenientes de 3 hectares de vinhedos fora de Saint-Jullien, que por isso não podem ser usadas para produzir um *Grand Cru Classé*.

É um vinho que tem a típica elegância de Saint-Julien e que custa bem menos que seus vizinhos famosos Ducru-Beaucaillou e os três Léovilles. De acordo com o ranking Liv-ex 2021, é o trigésimo vinho mais caro da margem esquerda, o que certamente o torna uma boa opção de compra.

Segundo a crítica especializada, tem melhorado constantemente ano após ano. Das safras antigas, já provei 1982, 1989 e 1990, todas no auge; e, em abril de 2017, o 1947, surpreendentemente inteiro, apesar dos seus 70 anos. Acho que das atuais, 2000, 2005, 2009 e 2010 são boas opções para guarda.

Château Duhart-Milon

A história dessa vinícola começa no século XVIII, quando pertencia a Nicolas-Alexandre de Ségur, e suas uvas eram utilizadas para fazer o segundo vinho do Château Lafite. Em 1815, se falava sobre um vinhedo localizado nas colinas de Milon, em Pauillac, propriedade da família Mandavy, o Mandavy-Milon. Entre 1830 e 1840, a família Castéja, *négociants* e proprietários de outros Châteaux, herdou essas terras e as terras da família Duhart. Segundo a lenda local, Monsieur Duhart foi um pirata a serviço de Luís XV, que quando se aposentou foi morar em Pauillac. Sua antiga casa existiu no porto até os anos 1950 e inspira os atuais rótulos do Château.

Após herdarem as terras vizinhas, os Castéja decidiram juntá-las, fundando o Château Duhart-Milon, com 50 hectares de vinhedos e classificado como quarto cru, em 1855. Eles permaneceram proprietários da vinícola até 1937, quando por questões de herança tiveram de vendê-la. Os próximos 25 anos foram um período de grande declínio, em que a propriedade teve cinco donos.

Em 1962, foi comprado pela família Rothschild (do Lafite); nesta época tinha apenas 17 hectares plantados. Seguiu-se um grande projeto de renovação, com o replantio de todo o vinhedo, a compra de novas terras e a construção de novas instalações.

Em 2001, chegou-se aos atuais 76 hectares de vinhedos. A principal parte fica em um único bloco na colina de Milon, a oeste do Château Lafite, vizinho do *plateau* de Carruades. Tem 67% de Cabernet Sauvignon e 33% de Merlot, o que o torna um dos poucos *Grands Crus Classés* a ter só essas duas variedades. Vinifica por parcelas e só depois decide o que vai para cada vinho. Não tem um Château propriamente dito, mas instalações para produzir vinho, no centro de Pauillac, próximo da margem do rio Gironde e do Château Grand-Puy Ducasse.

Envelhece o *grand vin* de 10 a 18 meses em barricas 100% francesas, metade novas, todas produzidas no próprio Château. Geralmente, o *grand vin* tem de 70 a 80% de Cabernet Sauvignon. Faz um segundo vinho, o

Moulin de Duhart, que recebe as uvas das vinhas mais novas, tem uma proporção maior de Merlot, que pode chegar a 45%, e envelhece 10 meses em barricas de segundo ano.

Sua qualidade começou a melhorar em 1982; até 2000 apresentou bons vinhos em poucas safras, como 1996 e 2000. Mas foi apenas a partir de 2001 que passou a ter um time técnico próprio; antes era gerido pelo time do Lafite. Isso fazia com que em situações extremas fosse tratado em segundo plano. O pessoal da colheita, por exemplo, era o mesmo. Se houvesse uma mudança no clima que exigisse uma colheita rápida, obviamente dava-se preferência para colher as uvas do Lafite.

Talvez como reflexo dessa mudança, vem apresentando qualidade consistente nos últimos anos. Seus preços haviam disparado em 2011, influenciados pela moda do Château Lafite na China, colocando o vinho como o décimo-primeiro mais caro da margem esquerda (segundo o Liv-ex). Atualmente, estão voltando ao patamar de 2009, ocupando a vigésima quarta posição neste ranking, o que volta a torná-lo uma boa opção de compra.

Château La Tour Carnet

Originalmente chamado de Château de Saint-Laurent, foi construído em um dos pontos mais altos do Médoc (o que não significa muita altitude) como uma fortaleza medieval no século XI. Sua torre redonda é dessa época. É uma das poucas vinícolas a ter um fosso e uma ponte elevadiça, herança da arquitetura defensiva da Idade Média.

Na Guerra dos Cem Anos, os senhores do Château lutaram ao lado dos ingleses contra o Rei da França, que ao vencer a guerra no século XV ocupou e mudou o nome da propriedade. Seu primeiro registro de produção vinícola foi em 1407.

Teve vários proprietários, até que após a Revolução Francesa passou a pertencer ao nobre sueco Charles de Luetkens, que trabalhava como comerciante de vinhos na área. Pertenceu à família por algumas gerações e, sob seu comando, muitas melhorias e investimentos foram feitos nas instalações e nos vinhedos. Foi classificado como quarto cru em 1855 e, nessa época, possuía 52 hectares de vinhedos.

Após a *Phylloxera*, entrou em um longo período de declínio, agravado pela Crise de 1929; teve vários proprietários, mas nenhum investimento em qualidade. Só a partir da década de 1960, quando foi adquirido por Louis Lipschitz, é que o Château renasceu. Os vinhedos foram recuperados e replantados, as instalações reconstruídas, e a vinícola começou a readquirir sua qualidade.

Em 1999, foi comprada por Bernard Magrez. Nascido em Bordeaux, começou sua carreira trabalhando na empresa da família Cordier. Iniciou sua fortuna montando uma empresa de venda de destilados, a William Pitters, e uma marca de bordeaux barato, a Malesan. No começo dos anos 2000, vendeu essas empresas para focar no mercado de vinhos de qualidade e, atualmente, é proprietário de 40 vinícolas em quatro continentes, das quais a mais famosa é o Château Pape Clément. Possui um Instituto Cultural que leva seu nome, onde expõe sua coleção particular de obras de arte, além de outras exposições rotativas.

Ele é um dos maiores incentivadores do turismo de vinho em Bordeaux; suas vinícolas oferecem várias opções de visitas, muitas vezes até aos domingos. Em 2014 inaugurou, próximo de seu Instituto Cultural, o luxuoso Hotel La Grande Maison, que tem um restaurante do *chef* Pierre Gagnaire; devido à pandemia o hotel fechou em 2020 e ainda não reabriu. Além disso, tenta utilizar sempre as inovações tecnológicas para ajudar na produção, como drones equipados com câmeras para mapear as videiras e acompanhar a produção.

Tem ainda um departamento de pesquisa com 84 variedades de uvas plantadas e utiliza elementos da indústria aeronáutica para simular o aumento de 2 a 4 graus centígrados na temperatura e estudar esse efeito sobre as uvas. É o projeto "Bordeaux 2050".

Com os seus 190 hectares de vinhedos, divididos em 56% de Merlot, 39% de Cabernet Sauvignon, 4% de Petit Verdot e 1% de Cabernet Franc é o maior vinhedo dos *Grands Crus Classés*, produzindo cerca de 900 mil garrafas por ano. Vinifica por parcelas e, após 3 meses, separa o que vai para o *grand vin*, que envelhecerá por 18 meses em barricas 100% francesas e 50% novas, e o que irá para o segundo vinho, o Le Douves, que envelhece por 15 meses em barricas francesas 20-30% novas.

Faz ainda um vinho branco, o La Tour Carnet Blanc – produzido com uvas de um vinhedo de um hectare, com um *blend* de Sauvignon Blanc, Sémillon, Sauvignon Gris e Muscadelle –, e um 100% Merlot, o La Servitude Volontaire, com uvas provenientes de uma parcela de um hectare de Merlot, que, embora seja produzido dentro de um *Grand Cru Classé*, leva a denominação AOC Haut-Médoc, pois para um vinho receber a denominação Bordeaux tem que ter mais de uma uva em sua composição. Curiosamente, esse vinho, com baixíssima produção, custa no mercado mais que o dobro do *Grand Cru Classé* La Tour Carnet.

O consultor da vinícola é Michel Rolland. Apesar de nada antigo ser muito empolgante, as atuais safras prometem um bom potencial de guarda e envelhecimento.

Château Lafon-Rochet

A história deste quarto cru começou em 1650, quando Antoinette de Guillemotte comprou a terra de "Rochette" e a deu para seu marido, Pierre de Lafon, membro do parlamento de Bordeaux na época, que mudou seu nome para Lafon-Rochet.

A vinícola manteve intactos seus vinhedos mesmo após a Revolução Francesa, que permaneceu na família até 1880; após a morte da madame Lafon de Camarsac, a vinícola ficou abandonada e apresentou profunda deterioração.

Foi comprada, em 1959, pela família Tesseron, que teve de renovar tudo; inclusive o Château propriamente dito, que foi reconstruído (o que faz com que seja um dos dois únicos Châteaux construídos após 1855, o outro é o Clerc Milon). Além de renovar as instalações, Michel Tesseron inovou também no rótulo, tornando-o amarelo em vez de branco a partir de 2000. Em 2021 o Chateau foi comprado por Jack Lorenzetti, proprietário do Pédesclaux e sócio de Emmanuel Cruse no Château D'Issan.

Com 45 hectares de vinhedos, quase todos em um único bloco, tem como vizinhos Lafite e Cos D'Estournel. Tem 55% de Cabernet Sauvignon, 40% de Merlot, 3% de Cabernet Franc e 2% de Petit Verdot, com vinhas antigas com idade média de 40 anos, e possui 40 áreas identificadas no vinhedo. Mas, geralmente, no *grand vin* a proporção de Cabernet Sauvignon pode chegar até a 75%, enquanto a de Merlot pode cair para até 20%. A seleção entre o que vai para qual vinho é feita pela equipe do Château, liderada por Michel e seu filho Basile Tesseron, o *cellar master*, e um consultor externo, Jean Claude Rouet, que trabalhou no Pétrus por 40 anos.

Para tentar se modernizar, adotou a seleção óptica com máquinas. Envelhece os vinhos por 18 meses; utiliza barricas 50% novas, mas a vinícola está pensando em diminuir essa proporção para 35%. Usa 5% de barricas russas. Faz também um segundo vinho, o Les Pelerins de Lafon-Rochet.

Em 2015, finalizou a reforma de sua adega, feita por Christian de Portzamparc, o mesmo arquiteto do Château Cheval Blanc. Possui 42 tanques, 18 de inox e 24 de concreto, com formatos e capacidades variadas, para vinificar separadamente as 40 áreas específicas do vinhedo.

Está fazendo algumas experiências com a agricultura biodinâmica, embora seu proprietário não se importe em obter o selo e não seja um grande entusiasta desse tipo de agricultura. Para ele, as melhores safras do Château para se beber hoje são 1961, 1982, 1989, 1995, 2003 e 2005. Provei algumas safras antigas, como 1982 e 1990, e acho que estão no auge. Esse vinho pode valer bem a pena em algumas safras específicas e merece uma avaliação de como vai evoluir nas boas safras atuais, como 2009 e 2010.

Château Marquis de Terme

Os vinhedos deste quarto cru de Margaux produzem vinho desde o século XV; pertenceram a Pierre de Rauzan, fazendo parte de uma grande área que engloba o que corresponde atualmente a quatro Châteaux: Rauzan-Ségla, Rauzan-Gassies, Desmirail e Marquis de Terme. Após o desmembramento dessas áreas, virou propriedade, em 1762, de François de Péguilhan, o marquês de Terme, tendo então recebido esse nome. Foi classificado por Thomas Jefferson como um dos 16 melhores de Bordeaux e para ele equivaleria a um terceiro cru.

Teve vários donos até ser adquirido por seus atuais proprietários, a família Seneclauze. Pierre, argelino de origem francesa, aproveitou os efeitos da Crise de 1929 para, em 1935, comprar este Château. Hoje, seus netos administram a vinícola.

Com 39,5 hectares de vinhedos, possui 60% de Cabernet Sauvignon, 33% de Merlot e 7% de Cabernet Franc, com idade média de 35 anos e densidade de 10 mil vinhas/hectares. Envelhece o vinho nas tradicionais barricas bordalesas (de 225 litros) francesas 50% novas e em tanques de concreto em formato de ovo com 600 litros de capacidade. O objetivo desses tanques é permitir pelo concreto uma "nano-oxigenação" que introduz um pouco de oxigênio, nitrogênio e dióxido de carbono e que daria um caráter mais frutado ao vinho.

Contratou um novo diretor-geral em 2009, Ludovic David, que está trabalhando para tentar tornar o vinho mais conhecido internacionalmente. Busca produzir "vinhos mais frutados, com taninos mais aveludados, prontos para beber mais cedo".

Faz um segundo vinho, o La Couronne de Marquis de Terme, com o que não foi selecionado para o *grand vin*.

Eu, particularmente, nunca provei nada espetacular dessa vinícola, mas desde 2009 avanços em sua qualidade têm sido notados pela crítica especializada.

Château Pouget

Este quarto cru de Margaux, um dos menos conhecidos dos *Grands Crus Classés*, foi fundado em 1748, quando François Antoine Pouget herdou estes vinhedos. Sua filha se casou com Pierre Chevaliers. A família Chevaliers foi perseguida na Revolução Francesa, e parte de seu vinhedo foi confiscada e vendida ao Château Kirwan. Após 150 anos, venderam o vinhedo para seus atuais proprietários, a família Guillemet, também proprietários do Château Boyd-Cantenac.

É um dos poucos *Grands Crus Classés* que não têm um Château propriamente dito; suas instalações parecem uma casa normal, o que inclusive ocorreu na primeira metade do século XIX: a metade da frente da construção serviu de casa para a família proprietária. E nesta instalação também é feito o vizinho Boyd-Cantenac (que não tem instalação nenhuma), da mesma família. Essas instalações e sua estrutura são um pouco simples demais e contrastam muito com as outras vinícolas de Bordeaux.

Com 17 hectares de vinhedos, tem 60% de Cabernet Sauvignon, 30% de Merlot e 10% de Cabernet Franc. Seu proprietário e enólogo Lucien Guillemet utiliza técnicas orgânicas no vinhedo, e tem o selo de agricultura orgânica. Vinifica por parcelas, envelhece os vinhos por 12 a 18 meses em barricas francesas de 30-50% novas (dependendo da safra) e produz cerca de 50 mil garrafas/ano. Faz um segundo vinho, o Tour Massac. É o único *Grand Cru Classé* a ser vendido com exclusividade por um único *négociant*, a Cordier, e não pelo tradicional sistema da Place de Bordeaux.

Nunca provei nada digno de nota dessa vinícola, que também nunca recebeu muitos elogios dos críticos. Na classificação de preços do Liv-ex, versão 2015, ele não aparece entre os 60 primeiros, o que seria um indicativo de que talvez não seria classificado como *Grand Cru Classé* se essa classificação fosse feita atualmente.

Leonardo Liporone Baruki

Château Prieuré-Lichine

Sua origem remonta aos monges beneditinos, que fundaram no local o Priorato de Cantenac, e no século XV começaram a produzir vinhos. Com a Revolução Francesa, foi tomado, dividido, e suas partes vendidas para diferentes proprietários. A parte principal do Château ficou com um *négociant*, Durand Delaines, e, em 1855, sob o nome "La Prieuré de Cantenac", foi classificado como quarto cru.

Desde então, vários proprietários não cuidaram muito bem da vinícola, até que, em 1951, com apenas quatro hectares de vinhedos em produção, foi adquirida por um grupo de investidores liderados por Alexis Lichine. Russo de nascimento, fugiu com a família para a França na Revolução de 1917. Apaixonou-se pelos vinhos franceses e se tornou um dos mais importantes escritores no assunto de seu tempo. Foi também importador de vinhos franceses para os EUA, responsável por selecionar os rótulos para importantes restaurantes e hotéis americanos, como o Waldorf Astoria, em Nova Iorque. Diz-se que ele teria garantido o envio de vinhos franceses durante a Segunda Guerra Mundial para Winston Churchill e Dwight Eisenhower, e foi o fornecedor oficial da Casa Branca entre 1953 e 1961, quando Eisenhower foi presidente. Após o término da guerra, se estabeleceu em Margaux; seu grupo, que contava com investidores como David Rockefeller e Warren Pershing, adquiriu primeiro o Château Prieuré-Cantenac, rebatizado Lichine em sua homenagem, e depois o Château Lascombes.

Fez melhorias nas instalações, readquiriu grande parte dos vinhedos vendidos, chegando a 58 hectares de vinhedos espalhados por Margaux. Foi o pioneiro do enoturismo ao colocar uma placa sinalizando o caminho para seu Château e para que os visitantes se sentissem bem-vindos para degustações, visitas e para comprar vinho. Isso causou à época certo desconforto entre seus vizinhos, que diziam que isso não fazia parte dos costumes de Bordeaux.

Após sua morte em 1989, seu filho Sacha gerenciou o Château, e, em 1999, o vendeu para o grupo de mineração neozelandês Ballande.

Atualmente, com 70 hectares de vinhedos, tem 50% de Cabernet Sauvignon, 45% de Merlot e 5% de Petit Verdot; vinifica sua produção por parcelas em tanques de aço e de concreto. Separa o que vai para o *grand vin*, que envelhece por 16 meses em barricas francesas até 70% novas e o que vai para o segundo vinho, o Confidences de Prieuré-Lichine, criado em 1972 e que leva geralmente mais Merlot em seu *blend*, envelhecendo 14 meses em barricas francesas de segunda passagem. Stephane Derenoncourt é seu consultor.

Como curiosidade, seu nome inspirou o vinicultor da Borgonha, Henry Roch, codiretor da Domaine de la Romanée-Conti, a batizar sua vinícola de Prieuré Roch.

Provei um 1982, recentemente, e fiquei um pouco decepcionado; não sei se vale apostar nas safras mais antigas, nunca tive experiências interessantes. Novas, como 2005 e 2010, são boas promessas.

Leonardo Liporone Baruki

Château Saint-Pierre

Seu primeiro registro é de 1693, quando era conhecido por "Serançan" e pertencia ao marquês de Cheverny; vendido, em 1767, para o barão de Saint-Pierre, que mudou o nome da vinícola. Após sua morte, em 1832, o vinhedo foi dividido entre suas duas filhas. Uma era casada com o coronel Bontemps-Dubarry, que ficou com uma parte dos vinhedos, os prédios e o Château; essa parte ficou conhecida como Saint-Pierre--Bontemps-Dubarry. A outra filha, casada com M. de Luetkeni, à época proprietário do Château La Tour Carnet, ficou com a outra parte dos vinhedos, posteriormente vendidos para Léon Sevasistre, dando origem ao Saint-Pierre-Sevasistre, e na classificação de 1855, embora já separados, foram classificados juntos como quarto cru.

Com essa constante mudança de proprietários, muitos dos vinhedos originais da época da classificação foram incorporados a outros Châteaux. Em 1922, os irmãos holandeses Van den Bussche reunificaram os vinhedos do Saint-Pierre, mas não conseguiram comprar os prédios e a adega, que haviam sido comprados por Alfred Martin no século XIX. Seu neto, Henri Martin, aumentou os vinhedos da família, fundando, em 1939, o Château Gloria, vizinho do Saint-Pierre. Em 1981, após várias tentativas, Henri Martin comprou o Château Saint-Pierre. Segundo seu neto Jean, seu avô "levou 40 anos para percorrer os 100 metros que separam o Gloria do Saint-Pierre".

Administrado atualmente por seu genro, Jean-Louis Triaud, também proprietário do time de futebol Bordeaux FC, o Château tem 17 hectares de vinhedos, com idade média das vinhas de 50 anos. Há 75% de Cabernet Sauvignon, 15% de Merlot e 10% de Cabernet Franc. O vinho não é feito no Saint-Pierre, e sim no Gloria, onde estão as instalações (em processo de renovação, devendo ficar prontas em 2017). Foi uma das primeiras vinícolas a utilizar fotos de satélite para avaliar os vinhedos e sempre utilizou as últimas evoluções tecnológicas, como vinificação por gravidade, seleção óptica das uvas e vinificação por parcelas. Geralmente, seleciona 60% das uvas para fazer parte do *grand vin*, que envelhece por 12 a 14 meses em barricas francesas de 40-60% novas. Não faz segundo vinho, destinando as uvas desclassificadas para os outros rótulos da família, como o Haut-Beychevelle Gloria e o Bel Air-Haut-Médoc. Produz cerca de 5 mil caixas ao ano.

Para Jean Triaud, os vinhos do Gloria têm um caráter mais feminino e os do Saint-Pierre, mais masculino. Ele acha que os vinhos de Saint--Julien não devem ter muita madeira nova para manter seu balanço e elegância. Tem feito excelentes vinhos a partir de 2000, principalmente 2005, 2009 e 2010. Das safras mais antigas, 1982 e 1990 ainda estão no auge. Em razão de sua pequena produção para os padrões do Médoc, não é tão fácil de encontrar; cerca de metade dos vinhos é vendida *en primeur* na Bélgica e na Holanda.

Há dois apartamentos completos para hóspedes junto ao seu escritório, entre o Gloria e o Saint-Pierre, que proporcionam uma fantástica vista dos vinhedos.

Leonardo Liporone Baruki

Château Talbot

Localizado em Saint-Julien, este quarto cru tem a origem de seu nome ligada a um general inglês do século XV, *sir* John Talbot, que governou a antiga região de Guyenne (no sudoeste da França) e foi morto na Batalha de Castillon, em 1453, parte da Guerra dos Cem Anos; embora *sir* Talbot nunca tenha sido proprietário da vinícola, ele costumava armar seu acampamento na área onde é o Château. Há uma lenda que diz que ele teria enterrado lá seu tesouro antes de ir para a batalha, em que morreu com um golpe de machado após seu cavalo ter sido atingido por uma bala de canhão, mas até hoje nada foi encontrado. Outra curiosidade é que em chinês a pronúncia do nome do Château é Ta Bao, que significa "tesouro perdido", o que trouxe a esse vinho certa popularidade na China e um certo interesse dos turistas chineses, que visitam o Château, sobre o tesouro.

Após mudar de proprietário algumas vezes, foi adquirido, em 1917, por Désiré Cordier, da família proprietária da empresa homônima de *négociants* e de várias outras vinícolas. O nome Cordier aparece em rótulos de safras antigas de outras vinícolas da família, como o Gruaud Larose. Em 1988, decidiram vender todos os negócios relacionados ao vinho e permaneceram apenas com o Talbot, onde ainda mora uma parte da família.

Com um único bloco de 110 hectares de vinhedos, conta com 105 de uvas tintas e cinco de brancas. Utiliza nos vinhedos um sistema que emite ondas sonoras para prevenir fungos e parasitas, que, segundo a empresa criadora do sistema, a Genodics, tem sucesso de até 70%. Das uvas tintas, tem 70% de Cabernet Sauvignon, 26% de Merlot e 4% de Petit Verdot recém-plantados. Das brancas, tem Sémillon e Sauvignon Blanc, produzindo o único vinho branco em um *Cru Classé* de Saint-Julien (embora este não faça parte da classificação de 1855). A ideia de produzir um vinho branco surgiu em 1945, quando o então proprietário George Cordier plantou as uvas brancas para tentar fazer um branco, ao estilo da Borgonha, para consumo próprio.

É um dos muitos a utilizar uma máquina de seleção óptica para escolher as melhores uvas. Trabalha com sete fornecedores de barricas, todas francesas. Faz degustações às cegas com as diferentes tostas e produtores de barrica, então divulga a eles o resultado de cada um; utiliza cerca de 50% de barricas novas para o *grand vin* e o restante com uma safra de uso, por 18 meses. Faz um segundo vinho, o Connétable de Talbot, que utiliza o que não é selecionado para o *grand vin* e as uvas provenientes de vinhas mais jovens.

Está em reforma, construindo uma nova sala de barricas, que deve ficar pronta a tempo da colheita de 2017 e um novo centro de recepção para visitantes. Desde 2012, para tentar acabar com falsificações, usa um sistema de autenticação; cada garrafa tem um selo com um QR code que deve ser escaneado, cujo código pode ser autenticado no site, garantindo a autenticidade da garrafa.

É um vinho ainda com bom preço e que pode surpreender positivamente em safras antigas; já tive boas experiências com garrafas de 1983 e 1985. Acho que 1982, 1990 e 2000 estão no auge, enquanto as atuais ainda merecem uma guarda maior.

Quintos Crus

Château Batailley

Este quinto cru de Pauillac herdou esse nome porque o lugar onde ele está localizado foi palco de uma importante batalha na Guerra dos Cem Anos (*bataille*, em francês): a Batalha de Castillon, quando a França reconquistou a região de Aquitania após 300 anos de domínio inglês. Pertenceu no século XVIII à família Saint-Martin, e a área da vinícola produzia vinhos desde o século XVI.

Em 1816, ela foi vendida para Daniel Guestier, dono da empresa Barton & Guestier e do Château Beychevelle. Nesse período, foram compradas terras vizinhas para aumentar os vinhedos, e um novo Château foi construído – o teto deste foi projetado pelo famoso arquiteto Gustave Eiffel, feito em Paris, transportado até Bordeaux e mantido até hoje. O vinho dessa região sempre teve boa reputação – com produção desde o século XVI – e o fato de pertencer a uma das maiores distribuidoras de vinhos de Bordeaux ajudou muito sua divulgação e sua inclusão na classificação de 1855.

A vinícola foi adquirida em 1866 por Constant Halphen, um banqueiro parisiense, que, afetado pela Crise de 1929, vendeu o Château em 1932 para os irmãos Marcel e François Borie, os quais administraram juntos a vinícola até 1942, quando François comprou o Château Ducru-Beaucaillou.

Nesta época, para evitar problemas futuros com a partilha entre os herdeiros, os irmãos decidiram dividir a propriedade: Marcel ficou com a maior parte dos vinhedos, com o Château propriamente dito e com o nome. Já François ficou com uma parte menor de terras, mas a elas somou 15 hectares que havia adquirido do Château Duhart-Milon nos anos 1930, e assim criou o Château Haut-Batailley, mantendo a classificação de quinto cru. Essa foi a última vez que um *Grand Cru Classé* foi dividido.

Após a morte de Marcel, a vinícola foi herdada por sua filha Denise Castéja, casada com Emille Castéja, proprietário da empresa de négociants Borie-Manoux e dono de várias outras vinícolas, como o Lynch-Moussas, também em Pauillac.

Atualmente, tem 60 hectares de vinhedos, com 70% de Cabernet Sauvignon, 25% de Merlot, 3% de Cabernet Franc e 2% de Petit Verdot, com vinhas de 40 anos em média. Segundo Frédéric Castéja, a escolha das melhores uvas é feita no vinhedo, não sendo necessária uma mesa de seleção. A vinificação é realizada em partes, em 60 tanques.

O *blend* final é decidido entre fevereiro/março, o que significa que na semana de degustação dos *primeurs* (geralmente em abril) será apresentado o corte definitivo do vinho. No *grand vin*, tentam ter pelo menos 80% de Cabernet Sauvignon. Em barricas 100% francesas, cerca de 70% novas, de diferentes fornecedores, com tosta média, o vinho envelhece por 16 a 18 meses.

Denis Dobourdieu, falecido em 2016, foi seu consultor na vinícola desde 2001 e iniciou a produção de seu segundo vinho, o Lions de Batailley, com lançamento oficial em 2015, com cerca de 70 mil garrafas. Como seu proprietário é uma empresa de *négociants*, o que é desclassificado é misturado com uvas desclassificadas de outras propriedades da empresa e vendido sob outros rótulos. Há uma adega com safras antigas, em que as rolhas são trocadas a cada 30 anos. Hoje o mesmo time técnico cuida das 2 propriedades na margem esquerda, o Batailley e o Lynch-Moussas.

Nunca provei safras mais antigas, mas as atuais e as dos anos 2003, 2006, 2009 e 2010 são boas opções de compra. Embora não seja considerado um vinho de guarda muito prolongada, e seja menos conhecido que seus vizinhos de Pauillac, o Château faz um bom vinho em algumas safras e atualmente tem um preço de venda que o colocaria talvez como um quarto cru em uma nova classificação.

Château Belgrave

A história deste quinto cru do "Haut-Médoc", a oeste de Saint-Julien, começa no reino de Louis XV, quando ele ainda era um *hunting lodge*. No século XIX, sob direção da família Coutanceau, cujo nome estampava os rótulos, começou a produzir vinhos. Em 1845, o *négociant* Bruno Devès adquiriu a vinícola, remodelou as instalações, replantou os vinhedos e construiu o Château na antiga residência de caça. Nesta época, o nome Belgrave começou a surgir, mas não ainda como o nome oficial Château. Existe uma polêmica sobre a origem desse nome: uma teoria é que esse era o antigo nome da área onde ele está localizado, e a outra, mais aceita, é que Bruno gostava muito do bairro londrino Belgravia e, por isso, decidiu homenageá-lo. O fato é que o nome só foi oficialmente adotado no começo do século XX, quando pertenceu a Marcel Alibert, um dos fundadores do Sindicato dos *Grands Crus Classés*.

O Château teve diversos proprietários e passou muitos anos sem receber alguns cuidados e investimentos. Em 1979, passou a ser administrado pela Dourthe, braço da empresa de *négociants* CVBG. A partir daí, iniciou-se um processo de completa renovação do Château: vinhedos foram replantados, com a gradual substituição do alto percentual de Merlot por Cabernet Sauvignon; novas áreas de vinificação foram construídas, permitindo vinificar por parcelas; Michel Rolland foi chamado para ser consultor; a área de vistas foi completamente renovada; e, atualmente, o Château hospeda clientes especiais da CVBG.

Os 60 hectares de vinhedos próximos ao Château Lagrange, em Saint--Julien, têm 50% de Cabernet Sauvignon, 46% de Merlot e 4% de Petit Verdot, com densidade variando entre 6.500 e 10 mil plantas por hectare. Depois da vinificação por parcelas, é decidido o que será desclassificado para o segundo vinho, o Diane de Belgrave, iniciado em 1978. Seu nome é uma homenagem à deusa da caça na mitologia romana, uma alusão ao passado da propriedade. O *grand vin* é envelhecido por 12 a 14 meses em barricas francesas cerca de 40% novas, o mesmo período utilizado para o segundo vinho, que tem um percentual mais baixo de barricas novas no seu processo de envelhecimento.

Não é um vinho que empolgue muito a crítica especializada, nunca recebeu uma nota superior a 90 de Parker. Além disso, sua faixa de preço, provavelmente, não o faria manter seu status de *Grand Cru Classé* em uma hipotética (e improvável) nova classificação de 1855. Porém, é um vinho agradável em algumas safras, embora não seja um vinho para guarda prolongada. Em minha opinião, vale mais a pena que um vinho do novo mundo com preço equivalente.

Château Camensac

O nome dessa vinícola vem do rio que passa atrás dela, por onde o vinho era transportado antigamente; *camens* significa "caminho", e *ac*, água, no dialeto local. Fica em Saint-Laurent de Médoc, na fronteira com Saint-Julien. Seu Château, construído no século XVIII, é pequeno se comparado ao de seus vizinhos e, atualmente, serve almoços para turistas, organizados pelo Bureau de Tourisme de Bordeaux.

Este quinto cru do Haut-Médoc passou muitos anos com uma administração meio irregular. Em 1965, foi adquirido pela família Forner, proprietária da vinícola Marqués de Cáceres, em Rioja, na Espanha. Eles renovaram as instalações e replantaram grande parte dos vinhedos, contando com a consultoria de nomes importantes, como o prof. Émile Peynaud, Michel Rolland e Eric Boissenot. E, em 1988, retiraram o "de" do nome do Château, que passou a se chamar apenas Château Camensac.

Em 2005, venderam a vinícola para Jean Merlaut (também proprietário do Château Gruaud Larose) e sua sobrinha Celine Villars-Foubet (proprietária do Château Chasse-Spleen), que administra a propriedade e que renovou as instalações técnicas e os vinhedos, e replantou algumas áreas chegando a 86 hectares em produção.

Por sugestão na época do prof. Peynaud, o vinhedo tem apenas Cabernet Sauvignon e Merlot, na proporção de 60/40. Vinifica mais ou menos por parcela e, segundo a diretora técnica Claire Thomas-Chenard, está melhorando a seleção do que vai para o *grand vin*, na intenção de melhorar sua qualidade. O vinho envelhece por 17 a 20 meses em barricas francesas de 35% a 70% novas, de sete fornecedores, dependendo da safra. Faz um segundo vinho, o La Closerie de Camensac, que recebe as uvas das vinhas mais novas.

As safras mais recentes, como 2009 e 2010, podem ser boas opções. Das mais antigas, 2000 e 2003 estão no auge. É um dos *Grands Crus Classés* com preço de venda mais baixo no Brasil, o que significa que pode custar menos que vinhos do novo mundo com um "corte bordalês".

Château Cantemerle

Os primeiros registros desta área são de 1147, mas a produção de vinho começou em 1354 com o Lorde de Cantermele, que usou uma parte da terra para plantar vinhas (a maior parte continuou produzindo cereais). Mas a partir do século XVI toda a área começou a produzir vinhos.

Enfrentou um processo pela sua marca, pois em 1845 o vizinho proprietário do Château Pibran adicionou "Cantemerle" ao rótulo, alegando que esse nome pertencia à região, e não mais ao Château. Foram resgatados documentos do século XVI para desfazer essa tese e, no final, a justiça definiu que Cantermele era apenas o nome do Château.

Na classificação de 1855 o Château não foi incluído. Sua proprietária, madame Villeneuve-Durfort, insistiu muito e por isso o Château foi incluído, fazendo a primeira das únicas duas mudanças da classificação na história. Mas, no final do século XIX, o Château foi a propriedade mais atacada pela *Phylloxera*, perdendo mais da metade de sua produção. Em 1892, após três séculos, a família Villeneuve-Durfort vendeu a vinícola para a família Dubos. A partir de 1930, a vinícola foi deixada meio de lado, não foi feito nenhum investimento em melhorias e muitos vinhedos foram vendidos.

Desde 1981, pertence a uma companhia francesa de seguros, a SMABTP, que assumiu o Château em más condições. Investiram em melhorias e replantaram os vinhedos. Na época da compra, apenas 25 hectares produziam vinho, contra 120 em 1855. Atualmente, dos 183 hectares da propriedade, 96 produzem vinhos. Tem 68% de Cabernet Sauvignon, 23% de Merlot, 5% de Cabernet Franc e 4% de Petit Verdot. Vem diminuindo o percentual de Merlot (que já chegou a ser 30%) devido às mudanças climáticas.

A empresa Cordier foi chamada para gerenciar o Château e, entre 1981 e 1993, tiveram a exclusividade de sua comercialização, mas o acordo foi rompido e atualmente o vinho é distribuído pela *place* de Bordeaux, como normalmente ocorre.

É um dos poucos a utilizar máquinas para a colheita das uvas das vinhas mais novas, que vão para o segundo vinho. Das vinhas que fornecem uva para o *grand vin*, a colheita é manual. Há uma mesa de seleção para as uvas. Barricas francesas de cinco toneleiros, 40% novas para o *grand vin* e 20% para o segundo vinho. Desde 2005, Eric Boissenot é o consultor do Château.

A qualidade do vinho começou a melhorar em 2004, segundo a própria vinícola, pois foi quando as melhorias introduzidas, como o replantio dos vinhedos, começaram a surtir algum efeito; por isso considero esse vinho uma boa opção de compra nas safras mais atuais, para consumo mais rápido, enquanto seu preço ainda se mantiver razoável.

Leonardo Liporone Baruki

Château Clerc Milon

Este quinto cru de Pauillac está localizado entre dois vizinhos famosos, Lafite e Mouton. Seus vinhedos faziam parte do Château Lafite, mas foram separados deste em 1789 com a Revolução Francesa e vendidos como "patrimônio nacional". Jean-Baptiste Clerc adquiriu os vinhedos e juntou seu nome ao vilarejo de Milon, em Pauillac, onde está situado.

Com 41 hectares, foi classificado como quinto cru, em 1855. Mas depois teve muitos proprietários diferentes e poucos investimentos em qualidade; mais da metade de seus vinhedos foram vendidos, sua sede era uma pequena casa e a vinificação era feita na cidade de Pauillac. Até que, em 1970, quando possuía apenas 13,5 hectares, chamou a atenção do barão Philippe de Rothschild, que comprou a vinícola e resolveu investir nela. Começou readquirindo os vinhedos vendidos, até retornar ao seu tamanho original. Depois, o arquiteto Bernard Mazières, o mesmo que fez a nova vinícola do Mouton Rothschild, projetou a nova e moderníssima adega de Clerc Milon, toda em madeira, pedra e vidro, com 300 metros quadrados de painéis de energia solar capazes de produzir toda a energia utilizada, vinificação por gravidade e sistema de refrigeração da sala de barricas com reaproveitamento do fluxo de ar. E por fora ela não se parece com um clássico Château. "Não faria sentido construirmos um prédio do século XIX em pleno século XXI", disse Jean Emmanuel Danjoy, diretor técnico do Château desde 2009, após dez anos trabalhando no Napa Valley na Opus One, *joint venture* da família Rothschild com o grupo Constellation, dono da vinícola Mondavi. Desde 2020 é diretor técnico das três vinícolas da familia do Barão Philippe (Clerc Millon, Mouton e D'Armailhac).

Nos vinhedos, há as cinco variedades clássicas de Bordeaux, na seguinte proporção: 50% de Cabernet Sauvignon, 36% de Merlot, 11% de Cabernet Franc, 2% de Petit Verdot e 1% de Carménère, que sempre entra no *blend* final. Esse percentual de Carménère corresponde a 10% de todos os quatro hectares existentes dessa variedade em Bordeaux.

Por ter suas parcelas de vinhedos meio fragmentadas, vinifica cada área separadamente; chega até a ter vinhedos misturados, com mais de uma variedade de uva na mesma parcela. Apesar de utilizar princípios de agricultura orgânica e biodinâmica, não ambiciona o selo de nenhum deles, para poder utilizar técnicas tradicionais, se julgar necessário.

Utiliza apenas tanques de aço inoxidável na fermentação. O vinho fica de 16 a 18 meses em barricas 100% francesas de cinco fornecedores, metade novas e metade com um ano de uso. E não faz segundo vinho, toda a sua produção entra no *grand vin*.

Apesar de pertencer à empresa Baron Philippe de Rothschild S.A., possui uma equipe própria com 40 funcionários. Um projeto interessante é o *winemaking team*, no qual todo ano são formados dois times com funcionários de todas as áreas da vinícola (vinhedo, vendas, marketing etc.) e eles fazem, com a supervisão do time técnico, uma barrica de vinho cada um, tomando todas as decisões sobre o processo de vinificação. Depois o time técnico escolhe o melhor e cada um leva algumas garrafas do vinho que ajudou a produzir para casa. Segundo Danjoy, o objetivo disso é proporcionar que funcionários de diferentes áreas tenham uma visão de todo o processo de produção do vinho.

Produz em média 170 mil garrafas por ano. Entre 1970 (ano que foi adquirido pela família Rothschild) e 1982, seu rótulo foi decorado por uma Jungfrauenbecher, uma xícara de casamento de prata do século XVIII; a partir de 1983, seu rótulo passou a ser decorado por um trabalho de um ourives alemão do século XVII, um par de dançarinos feitos com pedras preciosas. As duas peças estão expostas no Museu do Vinho e Arte, no Mouton Rothschild.

Tem um preço bem mais atrativo que seus vizinhos mais famosos e é uma excelente opção para (algumas) safras antigas. Em 2014, o 1982 foi o campeão em uma degustação às cegas que participei com sete outros vinhos da mesma safra (alguns bem mais caros e famosos), mostrando estar em pleno auge. Segundo Danjoy, seu preferido atualmente é o 1986. Das mais atuais, 2000, 2003 e 2004 já estão prontas.

Château Cos Labory

Talvez um dos menos conhecidos dos *Grands Crus Classés*, este quinto cru de Saint-Estèphe tem sua origem no século XVIII, quando, de propriedade da família Gaston, era conhecido como Cos Gaston. O Cos (assim como seu vizinho mais famoso, Cos D'Estournel) vem de sua localização na colina de Cos. Uma de suas herdeiras casou-se com François-Armand Labory, que mudou o nome do Château para o atual.

Em 1845, venderam a vinícola para Louis Gaspard D'Estournel, proprietário do Cos vizinho, que passou os melhores vinhedos do Cos Labory para o Estournel, vendendo novamente a propriedade em 1852 para o banqueiro inglês Charles Martyns. Com a Crise de 1929, ele vendeu a propriedade para George Weber; em 1959, seu genro François Audoy assumiu o controle da vinícola e iniciou um programa de replantio das vinhas e renovação nas instalações. Seu filho Bernard Audoy comandou o Château até 2023, quando o vendeu para Michel Reybier, proprietário do vizinho Cos D'Estournel.

Seus 18 hectares de vinhedos têm 60% de Cabernet Sauvignon, 35% de Merlot e 5% de Cabernet Franc. Possui uma densidade de vinhas por hectare relativamente baixa – 8700/hectare, com idade média de 35 anos. Não é adepto da poda verde e com isso acaba tendo altos rendimentos. Esses dois fatos não contribuem muito para a qualidade do vinho. Utiliza as uvas provenientes das vinhas mais novas e o que não é considerado bom o suficiente para entrar no *grand vin* vai para seu segundo vinho, o Charmes de Cos Labory.

O *grand vin* envelhece por 16 meses em barricas francesas e americanas (é um dos poucos a utilizá-la), cerca de 40% novas. O segundo vinho, com um percentual mais alto de Merlot no corte, envelhece por 12 meses em barricas de segundo ano. Produz um vinho elegante, mas mais leve que seus vizinhos de Saint-Estèphe. Embora, em tese, seu *terroir* tenha bom potencial e possa ser uma boa opção em alguns anos, a crítica não se empolga muito com seus vinhos. Nunca provei nada muito impressionante dessa vinícola.

Château Croizet-Bages

Este quinto cru está localizado em Pauillac, na Villa de Bages, perto de seu vizinho mais famoso, o Château Lynch-Bages. Sua história começa no século XVIII, quando os irmãos Croizet compraram o vinhedo e o batizaram de Château Croizet-Bages.

No século seguinte, foi vendido para Julien Calvet, que adicionou seu sobrenome ao nome do Château, removido após a próxima venda. Em 1855, foi classificado sob o primeiro e atual nome. Após trocar de dono algumas outras vezes, foi comprado, em 1942, por Paul Quié, cuja terceira geração da família cuida hoje da vinícola e do Château Rauzan-Gassies, segundo cru de Margaux.

É um dos poucos *cru classés* a não ter um Château propriamente dito; ele se localizava em Pauillac, mas longe dos vinhedos, nas margens do rio. E, por isso, em 1875, os proprietários decidiram vendê-lo.

Atualmente, conta com uma construção com a estrutura para fazer o vinho, mas não com um Château. Outro detalhe curioso é que colhe 50% das uvas com máquinas, algo muito incomum em um *Grand Cru Classé*.

Seus vinhedos têm 30 hectares, com idade média de 35 anos, composto de 58% Cabernet Sauvignon, 39% de Merlot e 3% de Petit Verdot. Faz cerca de 150 mil garrafas/ano do *grand vin*, que envelhece por 12 meses em barricas 25% novas. Faz ainda um segundo vinho, o La Tourelle de Croizet-Bages, no momento da visita, com cerca de 30 mil garrafas.

É um vinho que não empolga muito a imprensa especializada. Robert Parker, por exemplo, nunca deu uma nota acima de 89 para esse vinho. Nunca provei nenhuma safra antiga dele, e das novas não acho nada muito interessante.

Por ser uma vinícola gerida ainda por uma família, e não por um grande grupo econômico – e ainda mais por essa família claramente ter como prioridade sua outra propriedade, o Château Rauzan-Gassies –, não espero muitas evoluções futuras aqui se mantiverem esse quadro. E em uma hipotética (e muito improvável) reclassificação, ele certamente não seria um *Grand Cru Classé*.

Leonardo Liporone Baruki

Château D'Armailhac

Seus primeiros registros são de 1680, quando os irmãos Dominique e Guilherm Armailhac eram proprietários de terras em Pauillac, mas a produção de vinhos começou em 1750, com a plantação de vinhas em 15 hectares. No final do século XVIII, a área plantada já era de 52 hectares, e o vinho era chamado de "Mouton D'Armailhac".

A família iniciou a construção do *Château* em 1820, mas por dificuldades financeiras conseguiu construir apenas metade dele e, curiosamente, essa obra não foi terminada até hoje!

Para tentar levantar fundos venderam uma parte do vinhedo, o Les Carruades, para o vizinho Lafite, mas não adiantou muito. Mesmo tendo sido classificado como quinto cru em 1855, os D'Armailhac venderam em 1878 a vinícola (e o meio Château) para a família Ferrand.

Após a Crise de 1929, os Ferrand venderam em 1933 o Château para o jovem barão Philippe Rothschild; como parte do acordo, foi permitido ao conde Ferrand morar no Château sem pagar aluguel até sua morte. Em 1956, Philippe mudou o nome do vinho para Château Mouton Baron Philippe (1956-1973), Château Mouton-Barone (1974-1978) e Château Mouton Baronne Philippe (1979-1988). Em 1989, sua filha, a baronesa Philippine, resolveu restituir o nome original do vinho.

Atualmente, com 70 hectares, tem 53% Cabernet Sauvignon, 34% Merlot, 11% Cabernet Franc e 2% Petit Verdot, com vinhas com idade média de 46 anos e densidade de 10 mil vinhas por hectare.

Cerca de 20% do vinhedo está plantado desde 1890. Tem 23 tanques de inox de tamanhos variados para vinificar por parcelas. O vinho é envelhecido por 18 meses em barricas francesas 1/3 novas, 1/3 com um ano e 1/3 com dois anos.

Até 2001, sua equipe técnica era a mesma de todas as vinícolas do barão Philippe, em Pauillac, mas a partir dessa data o Château Mouton ficou com uma equipe exclusiva, e, desde 2009, D'Armailhac e Clerc Milon também tiveram cada um seu próprio time. Em 2020, as equipes foram unificadas novamente sob a responsabilidade técnica de Jean Emmanuel Danjoy.

Não faz segundo vinho, tem um preço razoável e é um vinho que pode ser bebido mais cedo. Por fazer parte do grupo responsável pelo Mouton, desfruta de investimentos e tecnologia, o que o torna uma opção atraente. Das safras antigas, os vinhos 1982 e 1985 ainda estão inteiros, embora, em minha opinião, não devem evoluir mais. Das atuais, 2005, 2009 e 2010 são boas apostas.

Leonardo Liporone Baruki

Château Dauzac

Este quinto cru de Margaux, com sua grande vinícola e seu belo jardim, é o primeiro *Grand Cru Classé* visto por quem dirige pela D2 ("rota dos Châteaux") saindo de Bordeaux no sentido de Médoc. Seu primeiro registro é do século XVI, quando os vinhedos pertenciam a um monastério beneditino, que produzia o "Bourdieu de Dauzac".

Pertenceu a várias famílias tradicionais de Bordeaux, como os Lynch (do Lynch-Bages) e os Johnston, então proprietários do Ducru-Beaucaillou. Com a Crise de 1929, os Johnston foram obrigados a vender a vinícola, mas, como ninguém se interessou, ela ficou abandonada e foi a leilão em 1939, sendo arrematada por um completo *outsider* do mundo do vinho, Jean-Jacques Bernat, famoso produtor de sorvete. Ele introduziu melhorias e adaptou seu conhecimento à produção de vinho, utilizando inovações como colocar blocos de gelo para controlar a temperatura dos tanques de fermentação. Na década de 1970, vendeu a vinícola para a família Chantelier, do ramo imobiliário, que contratou o prof. Émile Peynaud como enólogo.

Em 1988, seguindo um projeto de incentivo do governo francês para que empresas francesas comprassem vinícolas, o Château foi comprado pela companhia de seguros francesa Maif, que resolveu contratar André Lurton, proprietário de várias vinícolas em Bordeaux, para cuidar da parte técnica. André acabou se tornando sócio da vinícola. Houve uma modernização das instalações, com uso de vinificação por gravidade.

Em 2014, a sociedade foi desfeita. A Maif comprou a parte dos Lurton e decidiu mudar os rumos da vinícola contratando um novo CEO, Laurent Fortin, e um consultor, Eric Boissenot.

Em 2018 a vinícola foi comprada pelo empresário francês Christian Roulleau, que manteve Fortin no comando e que promoveu algumas mudanças como a preparação para a conversão do vinhedo em biodinâmico, o processo de vinificação vegano (substituindo a clara de ovo por uma pasta vegetal na clarificação), e um melhor processo de seleção de rolhas para tentar zerar a contaminação por TCA.

No Château do século XVII não mora ninguém, e ele pode ser alugado para eventos, como festas e seminários.

Tem 120 hectares, dos quais 45 com vinhas. Destes, 42 estão na apelação Margaux e três na Haut-Médoc, com 60% de Cabernet Sauvignon e 40% de Merlot, com idade média de 35 anos e densidade média de 10 mil plantas por hectare. Vinifica por parcelas e decide o que vai para o *grand vin* após a degustação de amostras. Utiliza barricas francesas 70% novas, produzidas por seis diferentes fornecedores, nas quais o vinho envelhece por 15 meses.

Faz um segundo vinho, Labastide Dauzac, que recebe o que foi desclassificado do *grand vin*, e envelhece por 12 meses em barricas francesas 20% novas.

Desde 2013 faz mais um vinho, o Aurore de Dauzac, que utiliza uma parcela específica de vinhas mais jovens e tem iguais partes de Merlot e Cabernet Sauvignon. Seu objetivo é ser um vinho "mais fácil" e conquistar o consumidor jovem, além de ser vendido em restaurantes.

Seus vinhos nunca impressionaram muito os críticos, eu também nunca provei nada espetacular dessa vinícola. Atualmente, seus preços permanecem no nível de um quinto cru, o que pode tornar esse vinho uma opção interessante para boas safras.

Château du Tertre

Este quinto cru de Margaux tem o início de sua história no século XII; seu nome vem do fato de estar localizado em um pequeno monte (*tertre*, em francês). Por estar localizado na comuna de Arsac, seu primeiro nome foi Le Tertre D'Arsac. Pertenceu a muitos proprietários ao longo dos anos, incluindo o famoso marquês de Ségur. Acredita-se que no século XVIII, quando era propriedade da família Mitchell, chegou a engarrafar uma parte de sua produção no Château, prática que se tornou regra no século XX, mas que não ocorria na época. Isso talvez se deva ao domínio de técnica de produzir vidro que Jonathan Mitchell, conhecido por ter inventado a garrafa Jeroboam, tinha à época.

Um de seus proprietários, o holandês Henri de Koenigswarter, resolveu simplificar seu nome e deixar apenas Château du Tertre. Após passar por vários proprietários e ficar meio abandonado, foi adquirido, em 1961, por Philippe Gasqueton, também proprietário do Château Calon Ségur. Ele iniciou um amplo processo de recuperação das instalações e dos vinhedos. Após sua morte, em 1995, sua família decidiu vender a vinícola; comprada, em 1997, pelo holandês Eric Jelgersma, proprietário do Château Giscours.

Eric morreu em 2018; em 2021 seus herdeiros decidiram focar no Château Giscours e venderam a propriedade para um grupo de investidores franceses, que o arrendou por 25 anos para a familia alsaciana Helfrich, proprietários da Grands Chais de France, empresa que tem uma receita de cerca de 1,5 bilhões de dólares anuais com a venda de vinhos como Calvet e JP Chenet.

Seus 52 hectares de vinhedos em um único bloco são os mesmos desde 1855. Tem 55% de Cabernet Sauvignon, 27% de Merlot, 11% de Cabernet Franc e 7% de Petit Verdot, com vinhas de idade média de 40 anos. Após um detalhado estudo do solo, concluiu-se que a Cabernet Sauvignon e a Petit Verdot (em algumas parcelas) são as uvas que melhor se adaptam ao *terroir*. Por isso decidiram replantar todo o vinhedo, o que deve ocorrer até 2029. Ai a proporção de uvas será 60% Cabernet Sauvignon, 18% Merlot,

14% Petit Verdot e 7% Cabernet Franc. Essa diminuição da proporção de Merlot, segundo a vinícola, não tem relação com mudanças climáticas.

Iniciou o uso de técnicas biodinâmicas, em 2008, como um teste; dependendo da análise dos resultados converterá todo o vinhedo e buscará obter o selo. Utiliza tanques de madeira e de concreto (em formato de ovo) para vinificar, separando as parcelas. Após a vinificação define o que vai para o *grand vin* e o que vai para o segundo vinho, o Les Hauts du Tertre. O *grand vin* envelhece por 18 meses em barricas francesas 50% novas, e o segundo vinho por 14 meses em barricas de segundo ano. Desde 2014, faz um vinho branco, o Tertre Blanc, que tem Sauvignon Blanc, Chardonnay, Viognier e Gros Manseng. Pela combinação das uvas, não pode utilizar a denominação Bordeaux em seu rótulo.

Não empolga muito a crítica especializada, e eu não tive nenhuma experiência digna de nota com as safras antigas. Acho que é um vinho para ser bebido mais jovem e que pode ser uma opção em excelentes safras, como 2009 e 2010, cujo preço é bem menor que outros *Grands Crus Classés* de Margaux.

Leonardo Liporone Baruki

Château Grand-Puy Ducasse

No século XVII, Arnaud Ducasse comprou uma casa nas margens do rio Gironde, em Pauillac. Mas apenas um século depois, quando Pierre Ducasse comprou terras em três parcelas diferentes, a produção de vinhos foi iniciada. Uma dessas parcelas pertencia à família Jehan, a então proprietária do que viria a ser o Château Grand-Puy-Lacoste, que conseguiu comprar 60 hectares, 40 dos quais com vinhas. Na época a vinícola era chamada Ducasse-Grand-Puy-Artigues-Arnaud. Em 1820, foi construído o Château, que ainda existe, e, em 1855, foi classificado como quinto cru. Recebeu seu nome atual em 1932.

Em 1971, após ficar um período meio abandonado, foi vendido para um grupo de investidores, que renovou as instalações, com novas áreas de vinificação, e os vinhedos, ao transformar a colheita em manual e promover inovações como as mesas para a seleção das uvas. Foi vendido novamente, em 2004, para uma subsidiária do banco Crédit Agricole, que é proprietário também do *Premier Grand Cru Classé* de Sauternes, Château de Rayne Vigneau. Renovaram novamente as instalações e trouxeram como consultor Denis Dubourdieu, substituído em 2013 pelo consultor e proprietário do Château Angelus (em Saint-Emilion) Hubert de Bouard. Introduziram inovações tecnológicas, como a seleção óptica de uvas e tanques no formato de ovo para a vinificação.

Seus 40 hectares de vinhedos, com idade média de 25 anos, têm 60% de Cabernet Sauvignon e 40% de Merlot e estão divididos em três parcelas. A que fica mais ao Norte faz fronteira com os vinhedos de Mouton e de Lafite. A porção ao sul faz fronteira com o Château Latour.

Além do *grand vin*, faz um segundo vinho, o Prelude a Grand-Puy Ducasse. Seleciona o que vai para cada vinho; as uvas provenientes das vinhas mais novas geralmente vão para o segundo vinho. O *grand vin* envelhece por 18 a 24 meses em barricas francesas de 30% a 40% novas, enquanto o Prelude envelhece pelo mesmo período em barricas francesas 10% novas.

Curiosamente, o Château e as instalações para vinificação não ficam junto aos vinhedos, e sim na Quai de Pauillac, na margem do Gironde.

Outra curiosidade é que foi o primeiro *Grand Cru Classé* do Médoc a contratar o polêmico Hubert de Boüard como consultor.

Pela localização dos vinhedos, é esperado um vinho de qualidade, algo que nem sempre é alcançado. Seu preço atual também é um dos menores entre os *Grands Crus Classés*. Mas, nas últimas safras, talvez como um reflexo dos investimentos, recebeu melhores avaliações dos críticos. Não tentaria nada antigo; já safras como 2005, 2006, 2009 e 2010 são boas apostas para uma guarda mais prolongada.

Leonardo Liporone Baruki

Château Grand-Puy-Lacoste

Essa vinícola de Pauillac tem sua origem no século XVI, quando era propriedade da família Guiraud. Parte de seu nome vem do termo *puy*, que em dialeto local significa "uma elevação de terra a partir de uma área plana" (o *plateau* de Grand-Puy está 20 metros acima do nível do mar).

Desde então, foi propriedade de várias famílias, como Jehan, D'Issac e Saint-Girons, e nessa época era vendido como Grand-Puy-Saint-Girons. Uma das herdeiras dessa família se casou no século XIX com Pierre Lacoste, e a partir daí surgiu o Grand-Puy-Lacoste. Nessa época, foi construído o Château, que ainda existe, e, em 1855, foi classificado como quinto cru.

Ficou com a família Lacoste até 1920, quando após dificuldades financeiras com o fim da Primeira Guerra Mundial, e pelo estrago da *Phylloxera* nos vinhedos, foi obrigada a vender a vinícola, que foi comprada por dois investidores e revendida em 1932 para Raymond Dupin, um rico homem de negócios de Bordeaux, famoso por fazer jantares e abrir safras antigas para seus amigos. Ele mantinha seu próprio rebanho de cordeiros de Pauillac para servir nesses jantares. Como não tinha herdeiros, em 1978, aos 83 anos resolveu vender o Château. E escolheu Jean-Eugene Borie, de uma respeitada família de proprietários de vinícolas em Bordeaux.

Jean-Eugene herdou de seu pai Francis a Francis Borie Company, à época proprietária dos Châteaux Ducru-Beaucaillou e Haut-Batailley; em 1970, comprou 30 hectares de vinhas não classificadas do Château Lagrange e criou o Château Lalande-Borie, também em Saint-Julien. Após seu afastamento dos negócios, a empresa foi dividida entre seus dois filhos; François-Xavier Borie ficou com o Grand-Puy-Lacoste e com o Haut-Batailley, e seu irmão mais novo, Bruno, com o Château Ducru-Beaucaillou.

François, que desde 1978 mora em Pauillac (inclusive é um dos poucos proprietários a morar no Château), renovou tudo: replantou vinhedos, construiu novas salas de vinificação e adegas, comprou novos tanques de fermentação. Trabalha com sua esposa e suas três filhas para melhorar a qualidade dos vinhos e é uma espécie de embaixador da vinícola.

Com 90 hectares em um único bloco, sendo 58 com vinhas, vizinho do Pontet-Canet ao sul e do Lynch-Bages a oeste, nunca mudou o tamanho de seu vinhedo desde 1855. Tem 75% de Cabernet Sauvignon, 20% de Merlot e 5% de Cabernet Franc, com vinhas de idade média de 38 anos. Embora não se declare orgânico ou biodinâmico, evita o uso de pesticidas nos vinhedos. Há 50 anos a família Borie contrata pessoas de uma mesma cidade, na Andaluzia, para a colheita. Anualmente, cerca de 200 pessoas, que ficam hospedadas na vinícola, recebem 85 euros por dia, além de comida e uma garrafa da safra em que trabalharam. Eric Boissenot é seu consultor.

O *grand vin* geralmente leva uma proporção maior de Cabernet Sauvignon e envelhece por 18 meses em barricas francesas 75% novas. Desde 1982, faz um segundo vinho, o Lacoste-Borie, que recebe as uvas não selecionadas para o *grand vin* – este tem um pouco mais de Merlot em sua composição e envelhece por 14 meses em barricas francesas 45% novas. Produz cerca de 190 mil garrafas do *grand vin* e 120 mil do segundo vinho.

Segundo Robert Parker, "é uma das melhores compras não só em Pauillac, mas em Bordeaux". Embora seja um dos vinhos de Bordeaux mais conhecidos na China pela associação do nome do Château com a famosa marca de roupas homônima (Aligator Wine), suas vendas ainda não decolaram na Ásia, o que contribui para manter seus preços em níveis razoáveis. Certamente, é um vinho que atualmente possui um status melhor que na época da classificação de 1855; segundo a avaliação anual do blog Liv-ex, em 2015, ocupou a 29ª colocação em preços (em 1855, era a 47ª). Independentemente disso, é um vinho que pode ser comparado aos "super segundos" em safras boas. Das mais antigas, 1982, 1986, 1990 e 1996 estão no auge. Das atuais, 2005, 2009 e 2010 devem ser guardadas, e 2000 e 2001 estão excelentes agora.

Château Haut-Bages Libéral

Este quinto cru tem seu nome derivado de sua localização, o *plateau* de Bages (região em Pauillac próxima de Saint-Julien), e da família Libéral, *négociants* e donos de outras vinícolas, e seus primeiros proprietários do século XVIII.

Em 1960, o Château foi vendido para a família Cruse, proprietários à época do vizinho Pontet-Canet (atualmente do Château D'Issan), e onde o vinho foi produzido por alguns anos até que se construísse uma adega melhor. Neste período, iniciou um programa de replantio das vinhas.

Em 1983, a vinícola foi vendida para a família Villars, proprietários à época do Château Chasse-Spleen. Atualmente é comandada por Claire Villars- Lurton, dona do Château Ferrière, e esposa de Gonzague Lurton, do Château Durfort-Vivens, ambos *cru classés* de Margaux. Desde que comprou a vinícola, a família Villars investiu em melhorias nas instalações.

Com 30 hectares de vinhedos, possui metade em área vizinha ao Latour e metade no *plateau* de Bages, próximo ao Lynch-Bages. Destes, 70% de Cabernet Sauvignon e 30% de Merlot. Iniciou práticas biodinâmicas, mas não busca ainda a certificação. Vinificado em tanques de aço inoxidável, envelhece por 14 a 18 meses em barricas francesas 40% novas. Tem como consultor Eric Boissenot. Das uvas desclassificadas para o *grand vin* faz três rótulos de segundo vinho: La Chapelle de Bages, La Fleur de Haut--Bages Libéral e Pauillac de Haut-Bages Libéral, que segundo o Château diferem apenas no rótulo – um vai para supermercados, outro para lojas de vinhos e outro para o mercado chinês, cada um distribuído por uma firma de *négociants*.

Por não ser um vinho muito conhecido, seu preço é baixo se comparado aos vizinhos de Pauillac; isso o torna uma boa opção nas melhores safras. Nunca provei nada muito antigo, mas 2009 e 2010 prometem boa evolução com mais alguns anos de guarda.

Château Haut-Batailley

Este quinto cru de Pauillac surgiu na última vez em que houve uma divisão de um vinícola classificada em 1855. Em 1942, os irmãos Marcel e François Borie resolveram dividir os negócios, assim dividiram o Château Batailley. Marcel ficou com a maior parte dos vinhedos e com o Château; François ficou com a menor parte, e a ela somou terras compradas do Château Duhart-Milon e os vinhedos de La Couronne e criou o Château Haut-Batailley.

Após divisões familiares por herança, pertenceu a François-Xavier Borie, também proprietário do Grand-Puy-Lacoste e irmão de Bruno Borie, do Ducru-Beaucaillou. Foi vendido em maio de 2017 para a família Cazes, proprietários do Chateau Lynch-Bages, por estimados 50 milhões de euros. Jean-Charles Cazes prometeu manter um time técnico próprio no Château, independente de suas outras propriedades.

Os novos proprietários recuperaram 19 hectares de vinhedos (que estavam abandonados desde a *Phylloxera*) e com isso a vinícola tem 41 hectares de vinhedos, com 70% de Cabernet Sauvignon, 25% de Merlot e 5% de Cabernet Franc vinificados por parcelas. Envelhece cerca de 20 meses em barricas francesas 40% novas, e faz um segundo vinho, agora chamado de Haut-Batailley Verso, com uvas desclassificadas do *grand vin*.

É um Pauillac que, geralmente, amadurece antes, por isso a guarda não deve ser muito prolongada, algo incomum na região. Pode ser uma boa pedida nas boas safras, principalmente pelo preço, que é bem abaixo do de seus vizinhos. As safras 2000, 2001, 2005 e até 2009 já podem ser apreciadas.

Leonardo Liporone Baruki

Château Lynch-Bages

Parte do nome desse Château de Pauillac vem da região onde está localizado, Bages. A primeira menção a essa região (como "Batges") aparece no século XVI. Os vinhedos foram criados pela família Déjean e comprados, em 1728, pela família Drouillard, que o deixou para a herdeira Elizabeth, casada com o irlandês Thomas Lynch. Pertenceu aos Lynch por mais de 70 anos, quando o vinho era conhecido como "Cru de Lynch". Foi vendido, em 1824, para a família Jurine, que mudou seu nome para "Jurine Bages". Foi classificado em 1855 como quinto cru. Em 1862, seus novos proprietários, os irmãos Cayrou restabeleceram o nome Lynch-Bages.

Em 1933, o general Felix de Viau, descendente dos Cayrou, assolado pela Crise de 1929, ofereceu os vinhedos para aluguel para Jean-Charles Cazes. Após ter lutado na Primeira Guerra Mundial, Jean-Charles fez um curso de padeiro em Pauillac, abriu sua padaria, mas ela pegou fogo e foi destruída em 1924; com isso, ele começou a trabalhar em um banco, até receber a oferta do aluguel da vinícola, que ele acabou adquirindo em 1939. Aprendeu muito sobre vitivinicultura e fez inovações para a época, como esperar um pouco mais para colher uvas mais maduras. Seu filho Andre seguiu seus passos, sucedendo-o no comando do Château, e depois seu neto, Jean-Michel Cazes. Engenheiro de formação, ele voltou a Bordeaux em 1973 e, por 15 anos, fez uma completa renovação do Château, tanto nas instalações quanto nos vinhedos, elevando mais ainda a qualidade do vinho. Além disso, Jean-Michel assumiu, em 1987, a direção do grupo vinícola da seguradora AXA, gerenciando outras propriedades não só em Bordeaux, mas em lugares como Rhone, Borgonha, Portugal, Hungria e África do Sul. Por tudo isso, recebeu o prêmio de "Man of the Year" em 2003 da revista inglesa de vinhos *Decanter*. Ele se aposentou, em 2006, e agora os negócios da família são tocados por seus filhos Sylvie e Jean-Charles Cazes. Jean Michel faleceu em 2023.

Atualmente, com 100 hectares de vinhedos, tem 75% de Cabernet Sauvignon, 17% de Merlot, 6% de Cabernet Franc e 2% de Petit Verdot, com vinhas com idade média de 35 anos. A colheita manual é feita por 250 trabalhadores e as 110 diferentes parcelas são vinificadas separadamente para depois decidir o que vai para o *grand vin* e o que vai para o segundo vinho, Echo de Lynch-Bages, que tem esse nome desde 2008 (geralmente as uvas provenientes das vinhas mais novas). Quando foi criado, em 1976, o segundo vinho chamava Haut-Bages Averous, nome de difícil pronúncia até para os franceses, por isso decidiram simplificá-lo, em 2008. O *grand vin* envelhece por 18 a 20 meses em barricas francesas de 70-90% novas e leva em sua composição geralmente 80% ou mais de Cabernet Sauvignon. Já o Echo envelhece por 12 a 15 meses em barricas francesas 50% novas e leva em sua composição no máximo 60% de Cabernet e até 30% de Merlot.

Desde 1990, tem seis hectares de vinhedos com uvas brancas, em que faz o Blanc de Lynch-Bages. No vinhedo, tem 53% de Sauvignon Blanc, 32% de Sémillon e 15% de Muscadelle, com vinhas de 20 anos de idade na média.

Terminou um projeto para renovação total da vinícola, feito pelo arquiteto chinês Chien Chung Pei, filho de Ieoh Ming Pei, o mesmo que fez a pirâmide do Louvre.

Esse vinho, embora classificado como quinto cru, goza do *status* de um segundo cru, fazendo parte do grupo dos chamados "super segundos". Em minha opinião, além de fazer parte do meu *top five* (excluindo os *Premiers Grands Crus Classés*), é uma das melhores compras em Bordeaux, pois é um vinho que prima pela regularidade: sempre é bom, independentemente da safra. Os vinhos de 1982, 1986, 2001 e 2003 estão no auge; os de 1989 (classificado como 99+ por Parker) e 2000 ainda requerem um tempo maior de guarda. Mesmo em safras consideradas inferiores, como 1994, 1997 e 2002, o Lynch-Bages está fantástico e o 1975 ainda está bem vivo.

Junto da vinícola tem o "Vilage de Bages", onde está o restaurante Café Lavinal, e o Hotel Cordeillan-Bages, melhor opção de hospedagem no Médoc. Seu restaurante (que chegou a ter 2 estrelas Michelin) Cordeillan-Bages, fechou na pandemia e ainda não reabriu. Este hotel tem ainda 2 hectares de vinhedos e produz o vinho Chateau Cordeillan-Bages, que, embora não esteja na classificação, é um ótimo vinho.

Château Lynch-Moussas

Este quinto cru de Pauillac foi fundado no século XVII pelo conde, de origem irlandesa, Thomas Lynch, quando era conhecido como "cru de Lynch" e era uma das maiores propriedades do Médoc. Após a morte do filho Jean--Baptiste Lynch no século XIX, a propriedade foi dividida em dois, dando origem ao Lynch-Bages e ao Lynch-Moussas, o qual ficou com o Château e a maior parte dos vinhedos, cerca de 200 hectares na época.

Após passar por vários proprietários, foi adquirido, em 1919, pela família Castéja, proprietários de outras vinícolas, como o Château Haut--Batailley e da firma de *négociants* Borie-Manoux.

Em 1970, Émile Castéja assumiu o comando da vinícola, que estava em péssimas condições. Havia apenas 10 hectares de vinhedos em produção e as instalações estavam parcialmente inoperantes. Iniciou um programa de replantio das vinhas e de reconstrução das instalações.

Dos 200 hectares, há 60 em produção, dos quais 70% são Cabernet Sauvignon e 30% de Merlot. Tem a meta de atingir novamente os 110 hectares de produção que tinha antigamente. Suas vinhas têm idade média de 25 anos. Tem 10 hectares de vinhedo em produção biodinâmica, para se familiarizar com o processo, e recentemente substituiu Denis Dubourdieu por Valerie Lavigne e Axel Marchal como consultores. Faz um segundo vinho, o Les Hauts de Lynch-Moussas, que geralmente recebe as uvas das vinhas mais jovens. O *grand vin*, com produção anual de cerca de 220 mil garrafas, envelhece por 18 meses em barricas francesas 50% novas.

Possui uma coleção com safras antigas, com mais de 5 mil garrafas.

Segundo Frédéric Castéja, antigamente era comum a troca de caixas de vinhos entre os Châteaux vizinhos, o que não ocorre mais em razão das diferenças de preços entre os vinhos.

Nunca provei nada antigo muito empolgante dessa vinícola. Das safras atuais, as excelentes, como 2009 e 2010, podem evoluir bem nos próximos anos.

Château Pédesclaux

Foi criado em 1810, quando Pierre Pédesclaux, de uma família de *négociants*, comprou uma parte do Château Grand-Puy. Em 1855, foi classificado como quinto cru – um dos responsáveis pela classificação, Edmond Pédesclaux, era irmão de Pierre, o que talvez possa ter influenciado. O Château ficou com a família até 1891; passou por inúmeros proprietários, muitos dos quais não tiveram cuidado com a propriedade e, por isso, ficou vários anos sem produzir vinho, até ser adquirido em 1950 por Lucien Jugla, antigo trabalhador da propriedade. Sob seus cuidados, os vinhedos foram melhorados e as instalações, reformadas.

A vinícola permaneceu com seus herdeiros até 2009, quando foi vendida para Jacky Lorenzetti, empresário francês dono do grupo imobiliário Foncia e do time de rúgbi Racing Metro 92, e que figura na lista dos 200 homens mais ricos da França. Ele disputou a compra com Emmanuel Cruse, dono do Château D'Issan. Em vez de se tornarem rivais, tornaram-se sócios; Cruse virou diretor-geral do Pédesclaux e Lorenzetti comprou 50% do Château D'Issan, em 2013. Em 2021 Lorenzetti surpreendeu a todos ao comprar da família Tesseron o Chateau Lafon-Rochet.

Desde então, Lorenzetti está investindo para melhorar a qualidade do vinho; em 2009, comprou 15 hectares de vinhedos do Château Haut-Milon, no *plateau* de Milon, vizinho a parcelas do Lafite e do Mouton, e, em 2013, comprou cinco hectares de vinhedos do Château Béhèré. Reconstruiu a vinícola, com projeto de Jean-Michel Wilmotte (o mesmo arquiteto que fez a moderníssima vinícola do Cos) para poder trabalhar com gravidade e vinificar por parcelas. O projeto, com custo estimado entre 15 e 20 milhões de euros, é definido pelo arquiteto como "uma versão viticultural da pirâmide do Louvre". Investiu em inovações tecnológicas, como o *scanner* óptico para a seleção das uvas após a colheita. Tudo para tentar melhorar a qualidade do vinho, que nunca agradou muito a imprensa especializada, inclusive recebeu de Parker talvez a pior crítica possível para um vinho: "a vida é muito curta para beber Château Pédesclaux". Mas o próprio Parker, em suas avaliações sobre as safras mais recentes, reconhece a melhora na qualidade do vinho.

Atualmente, com 50 hectares em produção, aumentou a proporção de Cabernet Sauvignon para 70%. Tem ainda 25% de Merlot, 3% de Petit Verdot e 2% de Cabernet Franc, com idade média de 35 anos. A colheita é manual e a vinificação acontece em tanques de inox separados por parcelas, por gravidade. O envelhecimento se dá em barricas 100% francesas, 60% novas e 40% com um ano de uso, por 14 a 16 meses. Está testando envelhecer os vinhos em ânforas e em barris de concreto.

A enóloga é Manon Lorenzetti, filha de Jack, e Emmanuel Cruse é o diretor-geral.

Em relação a safras antigas, não existe nada muito empolgante. Mas em uma degustação de algumas safras atuais no Château pude constatar a grande melhora na qualidade do vinho. Considerando-se que seu preço ainda é comparativamente baixo esse vinho é uma das boas opções de compra em Bordeaux.

Château Pontet-Canet

Classificado como quinto cru, esta vinícola de Pauillac foi fundada, em 1705, por Jean-François de Pontet, governador do Médoc. Anos mais tarde, ele comprou uma área no local conhecido como "Canet", famosa por produzir uvas de boa qualidade, daí surgiu o nome atual. Pertenceu à sua família até 1865, quando foi vendida para a família Cruse. Eles permaneceram com o Château até 1975, quando o venderam para a família Tesseron, produtores de Cognac.

Após a morte de Guy Tesseron, seu filho Alfred assumiu a direção (suas sobrinhas Mélaine e Phillipine são sócias, com 25% cada uma). E, desde então, a vinícola vem experimentando a maior evolução em preço e prestígio das últimas décadas no Médoc. Atualmente, é a décima segunda com maior preço, o que é muito significativo para um quinto cru. Sem contar que recebeu os ainda significativos 100 pontos de Robert Parker, em 2009 e 2010.

Além de Tesseron, o grande nome por trás dessa história de sucesso foi Jean-Michel Comme. Ele chegou ao Château em 1989 e, a partir de 2004, iniciou o processo de conversão do vinhedo – primeiro para orgânico, depois para biodinâmico. Porém, em 2007, em razão das condições climáticas, teve de utilizar pesticidas e perdeu a certificação. Foi obrigado a reiniciar o processo de certificação novamente, em 2008, e agora já tem novamente ambas as certificações, o que faz do Château o único *Grand Cru Classé* do Médoc a tê-las (o Château Climens, *Premier Grand Cru Classé* de Barsac, que tem a consultoria de Corine, esposa de Jean--Michel, também tem as duas certificações).

Jean-Michel acredita totalmente na agricultura biodinâmica. Seu plano é substituir totalmente nos vinhedos os tratores por cavalos, pois a pressão no solo é bem menor. Hoje possui 5 cavalos, que conseguem trabalhar em 34 dos 80 hectares dos vinhedos e, recentemente, ampliou o estábulo para poder ter até 15 cavalos e não mais utilizar tratores. Acredita que a prevenção de pragas nas vinhas passa por um completo conhecimento da cada uma das plantas e com isso consegue evitar o que pode fazê-las ficarem doentes. Em setembro de 2020 Jean-Michel saiu do Château e hoje dedica-se à sua consultoria em vinificação biodinâmica. Mathieu Bessonnet assumiu o cargo, mantendo a filosofia de seu antecessor.

Tem 80 hectares, divididos em duas principais áreas e em 92 parcelas; na parte mais perto do Château predomina a Cabernet Sauvignon, enquanto na parte mais próxima ao rio predomina a Merlot. No total, tem 65% de Cabernet Sauvignon, 30% de Merlot, 4% de Cabernet Franc e 1% de Petit Verdot.

A vinificação é feita em tanques de madeira e de concreto, na bela adega criada, em 1895, por Théophile Skavinsky, separada por parcelas e totalmente manual. Não existem computadores controlando a temperatura e os processos de fermentação. Segundo Jean-Michel, nos dias após a colheita, a equipe fica de plantão 24h por dia controlando todos os detalhes do processo, pois, para ele, isso faz a diferença.

Outro objetivo é diminuir a quantidade de madeira utilizada no envelhecimento dos vinhos. Em 2005, foram introduzidos tanques de concreto com o formato de ovo e agora ânforas de 900 litros construídas com materiais que refletem o *terroir* do vinhedo e que serão utilizadas para envelhecer 35% da produção. E a parte que envelhecerá em madeira 100% francesa não terá mais de 60% de madeira nova.

Produz um segundo vinho desde 1982, o Les Hauts de Pontet-Canet, que geralmente recebe apenas 10% da produção. Segundo Jean-Michel, o intenso trabalho nos vinhedos faz com que apenas uma pequena parte da produção não seja digna de entrar no *grand vin* e que o objetivo é chegar a não produzir o segundo vinho nas melhores safras.

As safras mais famosas, como 1982 e 1990, são uma boa aposta, e os vinhos de 2000 e 2001 já estão bons para serem consumidos. Mas, certamente, mudou seu estilo desde 2008 e todas as safras a partir daí, principalmente as 2009 e 2010, são boas opções para guarda e devem estar no auge com 15-20 anos. Mesmo uma safra muito difícil, como a 2013, apresenta uma qualidade muito acima da média dos outros Châteaux.

Eu particularmente nunca dei muita importância e achei que tudo o que envolvia vinhos orgânicos ou biodinâmicos não passava de marketing.

Mas, ao conversar com Jean-Michel, ver a seriedade e, principalmente, o resultado de seu trabalho, me convenci que para algumas vinícolas esse pode ser um ótimo caminho e pode significar um importante salto na qualidade. Particularmente, esse vinho (a partir de 2008) é uma das melhores compras de Bordeaux.

Os cinco Châteaux para visitar em Bordeaux

Os cinco Châteaux
para visitar em Bordeaux

Visitei os 61 *Grands Crus Classés*; seleciono aqui os cinco melhores para visitar, por ter associado alguma atração cultural e arquitetônica ou por oferecer opções de degustações diferentes do trivial.

1. Château Mouton Rothschild – um dos vinhos mais famosos do mundo, localizado na região de Pauillac. Além da qualidade do vinho, tem uma das melhores atrações turísticas de Bordeaux: o Museu do Vinho na Arte. Seu antigo proprietário, o barão Philippe de Rothschild, era um amante das artes e ao longo de sua vida colecionou peças relacionadas ao vinho, como quadros, esculturas e tapeçarias de várias partes do mundo. Além disso, para comemorar o fim da Segunda Guerra Mundial, o barão pediu ao artista Philippe Jullian que desenhasse um V da vitória para estampar o rótulo do Mouton 1945 e, desde então, todo ano um artista diferente, como Picasso, Miró e Dalí, é chamado para fazer o rótulo. No museu, encontram-se expostos todos os originais dos rótulos.

2. Château Pichon Baron – também localizado em Pauillac, na famosa estrada D2 ("rota dos Châteaux"), tem um dos castelos mais impressionantes de Bordeaux, construído em 1851, e com uma piscina ornamental que reflete sua imagem. Além de produzir um ótimo vinho, organiza visitas com a possibilidade de degustar safras antigas. Conta também com um chef no Château, por isso organiza almoços ou jantares privados, harmonizados com seus vinhos e também com vinhos de outras vinícolas de sua proprietária, o grupo francês AXA, como o Porto Quinta do Noval.

3 Château Montrose – localizado em Saint-Estèphe, no norte do Médoc, esta vinícola foi comprada pela família proprietária do conglomerado de comunicações Bouygues, em 2006. Desde então, passou por um completo processo de renovação, em que o principal aspecto foi a sustentabilidade. Seus donos queriam transformá-lo em uma vitrine de tecnologia e de desenvolvimento sustentável. Conseguiram. Toda a energia que utiliza é produzida por 3.000 m^2 de painéis solares; o prédio foi construído com uma tecnologia para gastar 50% menos energia que a média; e todo o controle de temperatura é feito com o auxílio de águas termais captadas a 100 metros de profundidade. Sem contar que a adega é, pessoalmente, a mais bonita de Bordeaux.

4 Château Margaux – localizado em Margaux, este vinho é considerado o mais elegante de Bordeaux. Em 2009, o escritório do arquiteto inglês *sir* Norman Foster foi contratado para construir novas adegas e um centro para visitantes, inaugurados em 2015. Os novos prédios trouxeram modernidade à vinícola, sem tirar o charme de sua principal imagem: o Château, construído no século XIX, ainda estampa o rótulo deste fantástico vinho.

5 Château Gruaud Larose – este Château localizado em Saint-Julien ganhou vários prêmios como melhor estrutura de enoturismo em Bordeaux. É o único que possui a Língua Portuguesa como opção de idioma no site. Além da degustação tradicional, faz degustações de safras antigas, que podem ser combinadas com um jantar no próprio Château. Mas os grandes destaques são as degustações harmonizadas com queijos, produzidos por Jean D'Alos, o melhor *fromager-affineur* de Bordeaux, e com chocolates, produzidos pelo *chocolatier* Jordan Bac.

Bibliografia

AGOSTINI, Hanna; GUICHARD, Marie-Françoies. *Robert Parker:* Anatomie d'un Mythe. Scali Document, 2007.

ANSON, Jane. *Bordeaux Legends.* Stewart, Tabori & Chang, 2013.

BROOK, Stephen. *The Complete Bordeaux: The Wines* – The Chateaux – The People. Mitchell Beazley Wine Library. Octopus Publishing Group Limited, 2007.

LEWIN MW, Benjamin. *What Price Bordeaux?* Vendange Press, 2009.

MARKHAM JR., Dewey. *1855:* A History of the Bordeaux Classification. John Wiley & Sons, 1998.

PARKER JR., Robert M. *Bordeaux:* A Consumer's Guide to the World's Finest Wines. 4th edition. Simon & Schuster, 2003.

SAPORTA, Isabelle. *Vino Business.* Albin Michel, 2014.

WALLACE, Benjamin. *The Billionaire's Vinegar:* The Mystery of the World's Most Expensive Bottle of Wine. Crown Publishers, 2008.

FONTE Palladio
PAPEL Pólen 80g/m²
IMPRESSÃO Paym